알기 쉽고 재미있는

중앙 한국어

3

상

알기 쉽고 재미있는
중앙 한국어 3 상

초판 1쇄 인쇄 2018년 6월 8일
수정판 3쇄 발행 2022년 8월 31일

저 자 | 이찬규 외
책임 편집 | 이훈, 조윤희, 이혜선, 차준우, 이찬희
발 행 | 중앙대학교
등 록 | 제14-1호(등록일: 1977. 8. 31.)
주 소 | 서울 동작구 흑석로 84
전 화 | (02)820-6137
전 송 | (02)822-5495

판매처 | 태학사
등 록 | 제406-2006-00008호
주 소 | 경기도 파주시 광인사길 217
전 화 | (031)955-7580
전 송 | (031)955-0910
전자우편 | thspub@daum.net
홈페이지 | www.thaehaksa.com

값은 뒤표지에 있습니다.

ISBN 978-89-7207-889-0 04710
978-89-7207-888-3 04710(set)

KOMCA 승인필

이 책에 직간접적으로 자료 게재를 허락해주신 모든 분께 감사드립니다.
저작권자와 연락이 닿지 않아 부득이 허가를 구하지 못한 일부 자료에 대해서는 연락 주시는 대로 적법한 절차를 따르겠습니다.

*잘못 만들어진 책은 바꾸어 드립니다.

알기 쉽고 재미있는

중앙 한국어

3 상

중앙대학교 한국어교육원 한국어 교재 편찬위원회

중앙대학교

| 머리말 |

중앙대학교에서 한국어교육원을 개원하고 한국어 교육을 본격적으로 시작한 지가 벌써 15년 정도가 되었다. 한국어교육원을 시작할 때만 해도 대학에서 가르칠 만한 한국어 교재가 몇 종밖에는 없었는데, 2017년 현재 시점에서 보면 각 대학마다 직접 개발한 한국어 교재만 해도 수십 종에 이른다. 중앙대학교 한국어교육원에서는 2006년 첫 교재 개발 작업에 들어가 2012년에 이르러서야《중앙 한국어》1~4권이 출간되었다. 각 권을 상 · 하로 분책하고 각 급별 워크북까지 제작하여 총 권수가 12권에 이르는 방대한 작업이었다. 임시 교재를 완성한 뒤 그 교재로 강의를 해 보고, 문제점을 발견하여 재수정 작업을 거치면서 보다 실질적으로 학습 효과를 높일 수 있는 교재를 만드는 방식으로 작업을 하다 보니 시간이 많이 걸렸다. 집필진만 22명에 이를 정도로 많은 사람들의 노고가 집약된 결과물이었다. 그동안 이 교재로 공부한 학생들의 만족도도 높은 편이고, 학생들의 한국어 구사능력도 단기간에 기대 이상으로 높아져 효과를 거두었다고 자평해 왔다. 그러나 2012년 이후 몇 년이 지난 시점에서 벌써 교재에 나온 상황이 과거의 것들이 많고, 분량도 압축하자는 의견이 많아 개정판을 내기로 하였다. 2015년 첫 모임을 가지고 개정 작업에 들어갔는데, 그동안 한국어 교육 학계에서 제기된 다양한 연구 결과들을 반영하고, 대화 내용뿐만 아니라 그림이나 사진 등도 참신하게 바꾸고, 책의 구성 형식도 더 이해하기 쉽게 정리하다 보니 개정 작업이라기보다는 새로운 책의 모습을 띠게 되었다. 이 책을 개정판이라 하지 않는 이유이다. 그동안 한국어 교재가 1~4권만 있던 것을 이번에 작업하면서 5~6권까지 개발하여 1~6급까지 완성된 틀을 갖추게 되었다. 1~4권은 통합교재의 형식으로 만들고, 5~6권은 영역별 교재의 형식으로 되어 있어 한국어 학습 단계에 가장 효과적인 방식이라고 자평하고 있다.

모든 책에는 저자들의 철학이 반영된다. 한국어 교육 교재라고 예외일 수는 없다. 이 책은 제목에서도 나와 있듯이 "알기 쉽고, 재미있어야" 한다는 철학이 반영되어 있다. 한국어가 배우기 어려운 언어라는 편견을 불식시키기 위해서는 한국어 교육자들의 노력이 많이 필요하고, 그것의 가장 핵심적인 작업이 교재 편찬이라고 본다. 한국어 배우기가 재미있고, 한국어에서 아름다움과 정밀함을 느껴야 한다. 이러한 점이 반영되도록 이번 편찬 교재에서는 유튜브 등 다양한 매체를 활용하여 교육을 할 수 있도록 하였고, 보다 재미있고, 다양한 활동들을 삽입하였다.

이 교재 작업의 헌사를 일일이 다 하기는 지면이 충분하지 않지만 그래도 가장 먼저 이 교재의 집필에 참여해 주신 분들의 노고를 잊을 수 없다. 처음 시작할 때와 달리 갈수록 많아지는 일에 대한 부담을 짊어지면서도 열정적으로 편찬 작업에 임해 준 이훈, 차준우, 이혜선, 조윤희, 이찬희 책임 편집자 5명의 희생적인 노력이 없었다면 편저본이 나올 수 없었을 것이다.

한국어교육원을 이끌면서 교재 편찬에 적극적으로 후원을 해 주신 현명호 원장님과 구민장 선생님, 그리고 이익을 구하지 않고 교재 편찬의 필요성에 적극 동참하여 지원을 아끼지 않은 김원용 산단장님께도 감사의 말씀을 드린다. 또한 부담이 될 정도의 많은 화료(畵料)와 편집료를 감당해 가면서도 기꺼이 출판을 맡아주신 태학사의 지현구 사장님과 편집진들께도 지면으로나마 감사의 말씀을 전한다.

물론 이 교재도 끝이 아닐 것이다. 앞으로도 한국어 교육에 관한 좋은 이론과 방법이 나올 것이고, 그것에 따라 또 교재를 개편하는 작업을 해 나갈 것이다. 사회적인 분위기나 기술의 발달로 인해 변화의 속도가 빠른 만큼 앞으로는 디지털 교재(E-BOOK)를 만들 것을 염두에 두어야 한다. 늘 그렇듯이 한 매듭의 끝은 또 다른 매듭의 시작일 뿐이다. 한국어를 배우는 모든 외국인들이 한국어가 알기 쉽고, 재미있다고 할 때까지 《중앙 한국어》는 계속 변화해 나가리라고 믿는다.

2018년 6월 1일

대표저자 이찬규(중앙대학교 국어국문학과 교수)

| 일러두기 |

《알기 쉽고 재미있는 중앙 한국어》는 외국어로서의 한국어를 배우는 외국인들을 위해 중앙대학교 한국어교육원이 개발한 한국어 교재이다. 이를 위해 일상생활에 필요한 기초적인 의사소통 능력을 기를 수 있는 주제부터 전문적이고 추상적인 주제까지를 포함하고 있다. 이 내용을 듣기, 말하기, 읽기, 쓰기 기능별로 연습 및 언어 활동이 가능하도록 구성하였다.

1 배워 봅시다

어휘 단원의 주제와 관련된 어휘를 사진 또는 삽화와 함께 제시하여 쉽고 재미있게 어휘를 학습할 수 있도록 하였다. 구 단위의 표현, 상투적인 표현 등을 포함하여, 단원에 따라서 간단한 연습 활동을 제시하여 수업 시간에 활용하거나 학습자 스스로 학습이 가능하도록 하였다.

문법 형태 정보: 목표 문형의 형태 결합 정보를 대표적인 예와 함께 제시하였다.
예문: 한국어의 다양한 형태 결합을 보여 줄 수 있는 예문을 단문 또는 담화문으로 제시하여 전형적인 사용 환경을 학습할 수 있도록 하였다. 가능한 한 일상생활과 밀접한 실제적 예문을 제시하여 실용성을 높이고자 하였다.

2 연습

연습해 봅시다

연습 활동을 통하여 목표 문형의 형태 결합 연습, 의미 확인 학습 및 사용이 가능하도록 하였다.

3 대화해 봅시다

제목 단원의 주제와 주요 목표 문형을 포함하는 문장으로 제시하였다.

삽화 대화문을 제시하기 전에 그 내용을 삽화로 제시하여 대화문의 내용 이해를 돕고, 대화문 학습을 위한 도입 자료로 활용할 수 있도록 하였다.

대화문 단원의 주제와 목표 문형을 포함한 문장으로 구성하였다. 단원을 도입하고 목표 문형이 사용되는 전형적인 환경을 구어 상황에서 학습할 수 있도록 하였다.

단어와 표현 대화문에 처음 출현한 어휘로 상용구, 상투적인 표현 등 다양한 유형의 어휘를 함께 제시하였다.

4 활동

들어 봅시다

다양한 유형의 활동을 통하여 한국어 듣기 능력을 기를 수 있도록 하였다.

말해 봅시다

다양한 유형의 활동을 통하여 종합적인 구어 사용 능력을 기를 수 있도록 하였다.

읽어 봅시다

다양한 유형의 활동을 통하여 한국어 읽기 능력을 기를 수 있도록 하였다.

써 봅시다

다양한 유형의 활동을 통하여 한국어 쓰기 능력을 기를 수 있도록 하였다.

이 교재의 듣기 파일은 **중앙대학교 언어교육원 홈페이지**에서
다운 받을 수 있습니다. http://korean.cau.ac.kr

| 각 과별 주제 및 문형과 표현 일람표 |

과	주제	제 목	문 법
1과	집 구하기	새 집은 살 만해요?	• 대N // 소N • A/V-(으)니 // N(이)니 • V-(으)ㄹ 만하다 • A/V-(으)ㄴ/는지 알다 / 모르다 // N인지 알다 / 모르다
2과	전화 문의	궁금한 건 뭐든지 물어보세요	• 무N // 유N • A/V-든지 A/V-든지 // N(이)든지 N(이)든지 • A/V-(으)ㄴ/는 척하다 / 체하다 // N인 척하다 / 체하다 • V-기가 무섭게 / 바쁘게
3과	도서관 이용	책을 많이 읽는 모양이군요	• V-았/었다가 • A/V-(으)ㄴ/는 모양이다 // N인 모양이다 • V-기에 앞서(서) // N에 앞서(서) • N을/를 통해(서)
4과	학생 식당	음식을 남기지 마시오	• N에다(가) • A/V-(으)므로 // N이므로 • V-(으)시오 // V-지 마시오 • A/V-지 않으면 안 되다 // A/V-지 않아도 되다
5과	운동과 다이어트	전혀 살찌지 않았어요	• N당하다 • -이/히/리/기- • V-(으)ㄹ 뻔하다 • V-고자

과	주제	제 목	문 법
6과	청계천	여기가 청계천이야	• A/V-아/어 // N(이)야 • A/V-니/냐? // N(이)니/냐? • V-자 // V-지 말자 • V-아/어(라) // V-지 마(라)
7과	한국의 산	산의 매력에 푹 빠질 거예요	• N스럽다 • A/V-(으)ㄴ/는 게 틀림없다 // N이/가 틀림없다 • A-다고 하다 // V-ㄴ/는다고 하다 // N(이)라고 하다 • V-자고 하다 // V-지 말자고 하다
8과	전통 가옥	아이들이 집에서 뛰어놀곤 해요	• N에 따라(서) • V-곤 하다 • A/V-냐고 하다 // N(이)냐고 하다 • V-(으)라고 하다 // V-지 말라고 하다
9과	김치	그 맛에 빠져 버렸어요	• V-기부터 // N부터 • V-아/어 버리다 • A/V-았/었던 // N이었던/였던 • N(으)로 인해(서)
10과	명절 음식	명절은 기대되면서도 부담돼요	• A/V-(으)면서도 • V-(으)ㄴ 채(로) • V-(으)ㄹ까 싶다 • A/V-(으)ㄴ/는 줄 알다 // N인 줄 알다

| 차례 |

1과

새 집은 살 만해요?

– 지금 살고 있는 집으로 언제 이사했어요? –

배워 봅시다

전세	월세	보증금	하숙	자취	세입자
계약서	수리비	난방 / 냉방	보일러	편의 시설	남향
현관	벽지	젖다	지저분하다	세놓다	유의하다

연습

1. 다음 빈칸에 알맞은 단어를 쓰십시오.

(1) 지난주보다 추워졌으니까 건강에 (   )해야 해요.

(2) 방이 필요할 때는 (   )(이)나 월세로 방을 빌려요.

(3) 저는 대학교 다닐 때 학교 앞에서 혼자 (   )을/를 했어요.

(4) 비가 많이 와서 옷이 다 (   ). 하지만 즐거운 여행이었어요.

(5) 친구가 살고 있는 방은 (   )이/가 500만 원이고, 월세가 20만 원이에요.

2. 다음 설명에 맞는 단어를 쓰십시오.

(1) 계약을 한 후에 받는 서류 (   )

(2) 물이나 공기를 따뜻하게 해 주는 기계 (   )

(3) 돈을 내고 다른 사람의 집이나 방을 빌려서 쓰는 사람 (   )

3. 다음의 뜻에 알맞은 단어를 연결하십시오.

(1) 조심하다	•	•	세놓다
(2) 돈을 받고 건물을 빌려 주다	•	•	지저분하다
(3) 더럽다	•	•	유의하다
(4) 고치는 데 드는 돈	•	•	수리비

대N // 소N

오늘 회의 장소가 소강당으로 바뀌었습니다.

많은 대학생들이 대기업에서 일하고 싶어 합니다.

우리 회사는 소규모 회사라서 직원 수가 적습니다.

옛날에는 대부분 대가족이었는데, 요즘에는 대가족이 많지 않습니다.

젊은 사람들이 일을 찾기 위해 대도시로 가서 농촌에는 할아버지, 할머니들이 많습니다.

대도시	○	소도시	○
대기업	○	소기업	○
대사전	○	소사전	○
대규모	○	소규모	○
대가족	○	소가족	○
대식가	○	소식가	○
대극장	○	소극장	○
대강당	○	소강당	○
대공사	○	소공사	×
대선배	○	소선배	×
대청소	○	소청소	×
대만족	○	소만족	×
대후배	×	소후배	×

연습

1. 보기 와 같이 뜻풀이에 알맞은 말을 쓰십시오.

보기 지역이 넓고 인구가 많은 도시: 대도시

〈문제〉

많은 사람이 모여서 강의를 들을 수 있는 강당:
음식을 보통 사람보다 많이 먹는 사람:
연극이나 영화를 볼 수 있는 작은 극장:
사람들이 많이 살지 않는 작은 도시:

2. 다음 단어를 보고 보기 와 같이 자연스러운 말에 ○, 어색한 말에 × 하십시오.

보기

대사골	×	소도시	○

〈문제〉

대선배		소청소	
소사전		대기업	
소공사		대규모	
대만족		소식가	
대청소		대후배	
대극장		대가족	

A/V-(으)니 // N(이)니

날씨가 추우니 따뜻한 차를 마십시다.

오늘은 친구와 저녁 약속이 있으니 내일 같이 식사를 합시다.

여기 물건은 비싸지 않으니 여러 가지를 사도 될 것 같아요.

성주 씨는 부지런한 사람이니 어떤 일이나 잘할 수 있을 거예요.

이 영화는 지난 달에 봤으니 다른 영화를 보세요.

연습

(1) 검정색 옷을 ________________ 날씬해 보입니다.

(2) 날씨가 ________________ 에어컨을 켜 주세요.

(3) 평일에는 일이 ________________ 주말에 만납시다.

(4) 회사가 ________________ 아침에 일찍 일어나야 합니다.

(5) 오늘은 날씨가 ________________ 등산 계획을 취소합시다.

(6) 비가 와서 나가기 싫어도 ________________ 나가야 합니다.

(7) 이곳은 ________________ 여기서는 담배를 피우지 마십시오.

덥다	많다	멀다	입다
흐리다	공공장소	약속을 하다	

V-(으)ㄹ 만하다

가: 김치를 먹어 보니까 어때요?
나: 조금 맵지만 먹을 만해요.

가: 이 옷 오래 되었으니까 버려도 되지요?
나: 아니요, 유행이 지난 옷이지만 입을 만해요.

가: 집이 불편하지 않아요?
나: 오래된 집이라서 조금 불편하지만, 아직 살 만해요.

연습

(1) 가: 처음 만들어 본 음식인데 ______________________?

나: 네, 아주 맛있어요.

(2) 가: 한국에서 ______________________ 곳을 소개해 주세요.

나: 제주도에 가 보세요. 경치가 아주 아름다워요.

(3) 가: 학교까지 너무 멀어서 다니기 힘들지요?

나: 조금 멀지만 차가 막히지 않아서 ______________________.

(4) 가: 이번에 자동차를 바꿔야겠어요.

나: 10년 되었지만 아직 ______________________.

(5) 가: 어제 산 영어 책이 어려워요?

나: 아니요, 단어도 쉽고 문장도 짧아서 고등학생도 ______________________.

먹다 가다 읽다 타다 다니다

A/V-(으)ㄴ/는지 알다 / 모르다 // N인지 알다 / 모르다

가: 시험이 언제인지 알아요?
나: 저도 시험이 언제인지 모르겠어요.

가: 유미 씨는 언제 고향에 가요?
나: 글쎄요. 저도 유미 씨가 언제 고향에 가는지 모르겠어요.

가: 저 비행기의 도착 시간이 몇 시인지 알아요?
나: 저녁에 도착했는데, 정확히 몇 시에 도착했는지 모르겠어요.

연습

(1) 가: 기말 시험을 언제 ______________ 아세요?

나: 다음 주 금요일에 봐요.

(2) 가: 마이클 씨가 누구랑 ______________ 아세요?

나: 예, 작년에 유미 씨와 결혼했어요.

(3) 가: 저 사람이 누구예요?

나: 저도 저 사람이 ______________.

(4) 가: 저 공장은 무엇을 만드는 공장이에요?

나: 저도 저기서 무엇을 ______________ 모르겠어요.

(5) 가: 저 휴대 전화는 가격이 얼마예요?

나: 글쎄요. 저도 가격이 ______________ 모르겠어요.

얼마 누구 보다 만들다 결혼하다

대화해 봅시다

한국에서 살고 있는 집은 어떻습니까?
그 집의 좋은 점은 무엇이고 나쁜 점은 무엇인지 이야기해 보세요.

집주인 계약서 내용을 확인해 보세요. 계약서에 더 쓰고 싶은 것이 있어요?

여학생 네, 이사하면 자물쇠를 바꾸고 싶은데 이 내용을 계약서에 쓸 수 있어요?

집주인 자물쇠는 요즘에 새로 나온 것이니 걱정하지 마세요. 열쇠도 필요 없고 비밀번호만 누르면 돼요. 그리고 이사한 뒤에는 학생이 비밀번호를 바꿀 수도 있어요.

여학생 아주 편리하겠네요. 그런데 저는 비밀번호를 어떻게 바꾸는지 몰라요.

집주인 걱정하지 마세요. 그것은 이사한 후에 알려줄게요.

(며칠 후)

집주인 학생, 새 집은 어때요? 살 만해요?

여학생 주변 환경이 좋아서 대만족이에요. 하지만 뜨거운 물이 잘 안 나와요. 수리를 받으면 제가 수리비를 내야 하나요?

집주인 아니요, 수리비는 제가 낼 테니까 걱정하지 말고 수리를 받으세요.

여학생 네, 알겠습니다. 감사합니다.

1. 학생은 계약하기 전에 무엇을 바꾸고 싶어 했습니까?

2. 학생의 방에는 무슨 문제가 있습니까?

3. 수리비는 누가 냅니까?

4. 집주인은 어떤 분인 것 같습니까? 여러분 집의 집주인은 어떤 분입니까?

들어 봅시다

»» 여러분은 한국에서(또는 여러분의 나라에서) 집을 계약한 적이 있습니까?
계약서를 쓰기 전에 집주인에게 무엇을 부탁했습니까? 자신의 경험을 이야기해 보세요.

I 다음을 듣고 질문에 답하십시오.

1. 들은 내용은 무엇에 대한 것입니까?

① 집을 구할 때 유의할 사항

② 방을 정리할 때 유의할 사항

③ 계약서를 쓸 때 유의할 사항

④ 편의 시설을 고를 때 유의할 사항

2. 같으면 ○, 다르면 × 하십시오.

(1) 계약서에 있는 내용을 잘 확인해야 한다. (　　)

(2) 햇빛이 잘 들어오는 동향의 집만 계약해야 한다. (　　)

(3) 주위에 있는 편의 시설들에 대해서도 알아보아야 한다. (　　)

(4) 수도나 난방 시설 등에 고장이 나면 세입자가 고쳐야 한다. (　　)

»» 만약 여러분이 살고 있는 집에 다음과 같은 문제가 생겼다면, 어떻게 하겠습니까?
불편하지만 그냥 있겠습니까 아니면, 주인아저씨께 말씀드리거나 직접 고치겠습니까?

① 문이 잘 안 열림　　② 방의 전등이 안 켜짐　　③ 보일러 고장으로 방이 차가움

Ⅱ 지금 두 사람이 이야기를 하고 있습니다. 다음을 듣고 질문에 답하십시오.

1. 누구와 누구의 대화입니까?

① 중개인과 집주인　　② 선생님과 여학생

③ 집주인과 세입자　　④ 보일러 판매원과 유학생

2. 어떤 문제가 있습니까?

① 물이 너무 뜨겁다.

② 전기장판이 고장 났다.

③ 보일러 수리 기사가 오지 않았다.

④ 보일러를 켜도 방이 따뜻하지 않다.

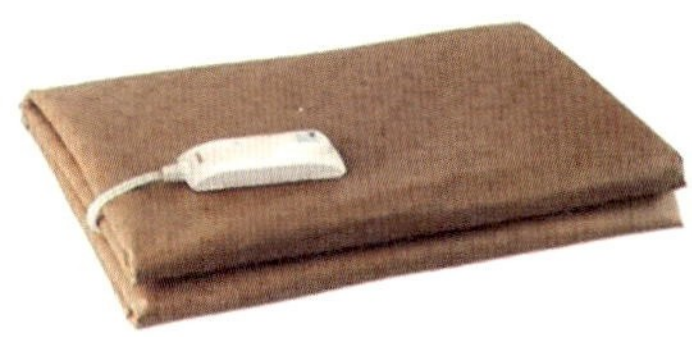

3. 대화가 끝난 다음, 집주인은 어떤 행동을 할 것 같습니까?

① 보일러를 직접 고친다.

② 전기장판을 새로 사준다.

③ 서비스 센터에 전화를 한다.

④ 현관문 열쇠 비밀번호를 바꾼다.

4. 같으면 ○, 다르면 × 하십시오.

(1) 보일러는 새것이다. (　　)

(2) 이 학생은 전기장판을 켜고 잤다. (　　)

(3) 다른 방과 이 학생의 방은 모두 따뜻하다. (　　)

말해 봅시다

I 어떤 사실에 대해 친구가 알고 있는지 물어볼 때 어떻게 말합니까? 'A/V-(으)ㄴ/는지 알다 / 모르다, N인지 알다 / 모르다'를 사용해서 서로 이야기해 보십시오.

보기

사는 곳	⇨	어디에 사는지 알아요?
취미	⇨	무엇을 좋아하는지 알아요?
가장 싫어하는 일	⇨	무엇을 가장 싫어하는지 알아요?
주말에 하는 일	⇨	주말에 보통 무엇을 하는지 알아요?
주말에 한 일	⇨	주말에 무엇을 했는지 알아요?
좋아하는 한국 음식	⇨	한국 음식 중에서 무엇을 좋아하는지 알아요?

〈학생 가〉

제인 (여자)
- 나라: 미국
- 직업: 대학생
- 취미: 음악 감상
- 사는 곳: 서울

왕명 (남자)
- 나라: 중국
- 직업: 회사원
- 취미: 사진 찍기
- 사는 곳: 부산

다나카 (남자)
- 나라: 일본
- 직업: 은행원
- 한국에서 하고 싶은 일: 여행
- 어제 한 일: 청소

안나 (여자)
- 고향에서 자주 한 일: 컴퓨터 게임
- 집에서 보통 하는 일: 청소, 빨래
- 어제 한 일: 미용실에 감
- 한국에서 하고 싶은 일: 번역

〈학생 나〉

제인 (여자)
- 사는 곳: 서울
- 좋아하는 한국 음식: 비빔밥
- 주말에 하는 일: 영화 보기
- 가장 싫어하는 일: 술 마시기

왕명 (남자)
- 사는 곳: 부산
- 좋아하는 한국 음식: 불고기
- 주말에 한 일: 자전거 타기
- 가장 싫어하는 일: 청소

다나카 (남자)
- 싫어하는 일: 친구 기다리기
- 좋아하는 한국 음식: 떡볶이
- 한국에서 하고 싶은 일: 여행
- 오늘 하는 일: 콘서트 가기

안나 (여자)
- 고향에서 자주 한 일: 컴퓨터 게임
- 집에서 보통 하는 일: 청소, 빨래
- 오늘 하는 일: 도서관에서 공부
- 주말에 보통 하는 일: 자전거 타기

Ⅱ 방을 구해 본 적이 있습니까? 다음 대화문을 보면서 부동산 중개사와 방을 구하는 사람의 역할이 되어 이야기해 봅시다. 그리고 방을 구할 때 원하는 조건이 무엇인지 쓰고 방을 구하는 사람과 부동산 중개사가 되어 방을 구해 보십시오.

(1)

원룸	자취 (방 2)
• 보증금: 350만, 월세: 40만 원 • 침대, 냉장고, 옷장, 세탁기, 에어컨 있음 인터넷 사용 가능 • 전기, 수도, 도시가스 비용 포함 • 학교까지 걸어서 15분 • 새 건물	• 2층 조용한 집 (전체 사용) • 보증금: 1,000만 원, 월세: 80만 원 • 넓은 거실, 냉장고, 세탁기, 가스레인지, 침대, 책상이 있고 인터넷 사용 가능 • 학교까지 걸어서 15분 • 전기, 수도, 도시가스 비용을 내야 함

보기 **가: 부동산 중개사,** **나: 방을 구하는 사람**

가: 어서 오세요. 어떻게 오셨어요?
나: 방을 하나 찾고 있는데요.
가: 월세가 좋으세요, 전세가 좋으세요?
나: 월세가 좋아요.
가: 그럼 좋은 게 하나 있어요.
나: 보증금 얼마에 월세가 얼마예요?
가: 보증금 350만 원에 월세 40만 원이에요.
나: 학교까지 가까워요?
가: 학교까지 걸어서 15분 걸리니 걸을 만해요.
나: 시설은요?
가: 새 건물이니 에어컨도 있고 편할 거예요.

(2) 〈내가 구하는 방의 조건〉

	원하는 조건	
1	학교와 거리	학교와 가까우면 좋겠다.
2	내부 시설	
3	주변의 편의 시설	
4	월세, 보증금	

가 부동산	나 부동산
원룸 • 월세: 60만 원 (보증금: 200만 원) • 학교까지 걸어서 5분 • 침대, 냉장고, 옷장, 세탁기 있음 • 에어컨, 인터넷 사용 가능 • 깨끗하고 조용한 새 건물	**원룸** • 월세: 30만 원 (보증금: 500만 원) • 냉장고, 옷장, 세탁기, 책상 있음 (에어컨 없음, 인터넷 사용 가능) • 학교 정문에서 5분 거리 • 지은 지 15년 된 오래된 건물
자취 (방 2) • 2층 조용한 집 (전체 사용) • 보증금: 1,000만 원, 월세: 80만 원 • 넓은 거실, 냉장고, 세탁기, 가스레인지, 침대, 책상 있음 • 인터넷 사용 가능 • 전기, 수도, 도시가스 비용 내야 함	**옥탑방** • 월세: 30만 원 (보증금: 100만 원) • 깨끗하고 조용한 주택가 • 학교까지 걸어서 20분 거리 • 냉장고, 세탁기, 책상, 에어컨 있음 • 인터넷 없음
반지하 자취 (방 1) • 월세: 20만 원 (보증금: 100만 원) • 깨끗하고 조용한 주택가 • 학교까지 걸어서 20분 거리 • 냉장고, 세탁기, 가스레인지, 책상 있음 • 인터넷, 에어컨 없음	**자취 (큰방 1)** • 월세: 50만 원 (보증금 없음) • 전기, 수도, 보일러 세금 포함 • 두 명이 같이 생활할 경우 월세 60만 원 • 냉장고, 세탁기, 전자레인지, 책상, 에어컨 있음

읽어 봅시다

여러분은 주변에서 집을 세놓는 글을 본 적이 있습니까?
그 안내문의 내용이 모두 이해가 되었습니까?
집이나 방을 세놓는 광고문을 처음 보았을 때의 경험을 이야기해 보십시오.

I 집이나 방을 세놓는 광고문을 처음 보았을 때의 경험을 이야기해 보십시오.

①
상도동 방 3 주방 넓은 거실 화장실
도시가 교통 편리
주차장 보500 월50

☏ 010-3232-XXXX

②
흑석동 중앙대학교 정문 1분 거리
신축 원룸
보2000 월10

☏ 010-XXXX-2008

③
상도동 단독 2층 방 1 화장실 도시가
보200 월30 넓은 베란다

☏ 010-XXXX-7789

④
방을 내놓습니다.

흑석동 흑석역에서 2분 거리에 있습니다.
방 1개이며, 부엌(도시가스)과
화장실이 있습니다.
이번에 새로 수리한 건물이라서 깨끗합니다.
흑석역을 이용하실 분이나
중앙대학교에 다니시는 분은
이동하기가 매우 편리합니다.
보증금 300, 월세 45
(전세 가능, 금액 조절 가능)

연락처: 010-3555-XXXX

1. 사전에도 없는 표현이 많습니다. 무슨 의미일 것 같습니까? 추측해 보십시오.

보	월	도시가

2. 혼자 살고 싶습니다. 월세가 싼 곳을 원하면 어디에 전화해 보는 것이 좋겠습니까?

3. 친구 여러 명과 같이 살고 싶습니다. 방도 많고 부엌도 넓은 곳을 원하면 어디에 전화해 보는 것이 좋겠습니까?

4. 여러분은 어떤 집이 가장 마음에 듭니까? 하나를 선택하고, 그 집을 선택한 이유를 말해 보십시오.

Ⅱ 다음은 어떤 유학생의 일기입니다. 읽고 질문에 답하십시오.

8월 20일 토요일　　날씨: 맑음

그동안 보증금이 부담스러워서 보증금이 없는 고시원에서 지냈다. 그런데 얼마 전 학교에서 만난 유학생 친구 두 명과 같이 보증금을 내고 학교 근처에 집을 구한 후 오늘 이사를 했다. 이사한 집에 있는 내 방은 다섯 명도 누울 수 있으니 꽤 큰 방인 것 같다. 그리고 이제 월세도 친구들과 함께 내니 생활비도 옛날보다 조금 들 것이다. 고시원에서는 음악을 들을 때 이어폰으로만 들을 수 있었는데, 이제는 스피커로도 들을 수 있어서 대만족이다. 오늘은 좁은 고시원에서 큰 집으로 이사했으니 아주 기쁜 날이다.

부담스럽다 / 꽤 / 이어폰 / 스피커

1. 이 사람은 오늘 무슨 일이 있었습니까?

① 친구들과 같이 월세를 냈다.

② 좋아하는 음악을 이어폰으로 들었다.

③ 고시원에서 나와 새 집으로 이사했다.

④ 친구와 같이 보증금을 모아서 집을 구했다.

2. 이 사람은 그동안 왜 고시원에서 살았습니까?

① 고시원이 편리하고 좋았기 때문에

② 일반 집은 보증금이 비싸기 때문에

③ 고시원에 친구들이 많이 살았기 때문에

④ 이어폰으로 음악을 들을 수 있었기 때문에

3. 이 사람이 쓴 새 집의 좋은 점을 세 가지 쓰십시오.

(1) 방이 넓다.

(2)

(3)

써 봅시다

1. 여러분이 한국에 오기 전에 상상한 한국은 어떤 모습이었습니까?
   그리고 한국에 오기 전의 기분은 어땠습니까?

   ⇨

2. 한국에 언제 처음 왔습니까?

   ⇨ 년 월 일

3. 처음 한국에 왔을 때의 느낌은 어땠습니까?

   ⇨

4. 방을 어떻게 구했습니까? 방을 처음 봤을 때의 느낌은 어떠했습니까?

   ⇨

5. 집주인은 친절합니까? 집 주변에 편의 시설은 무엇이 있었습니까?

   ⇨

6. 첫날 한국에서 지낸 느낌은 어땠습니까?
   (기분이 좋다, 행복하다, 기대가 된다, 떨린다, 무섭다 등)

   ⇨

처음	년 월 일 요일 날씨: (맑음 / 흐림 / 비 / 눈) 나는 0개월 전에 처음 한국에 왔다. 공항에 처음 도착했다. 내 꿈을 위해 유학 생활을 하게 되어서 한국 생활이 기대가 되었다. 고향에서 생각한 한국은 ~
중간	
끝	

※ 다음을 읽고 400~600자로 글을 쓰십시오.

한국에 와서 처음 잠을 잔 날을 생각하면서 일기를 쓰십시오.
단, 아래에 제시한 내용이 모두 포함되어야 합니다.

- 한국에 오기 전에 상상한 한국은 어떤 모습이었습니까?
  그리고 한국에 오기 전에 기분은 어땠습니까?
- 언제 한국에 처음 왔고 공항에서 집으로 올 때까지의 느낌은 어땠습니까?
  그리고 방을 처음 봤을 때의 느낌과 주변 편의 시설에 대해 쓰십시오.
- 한국에 온 첫날 느낀 것에 대해 쓰십시오.

2과

궁금한 건 뭐든지 물어보세요

- 무엇을 모르는 경우에 전화로 물어볼 수 있어요? -

배워 봅시다

피해	중고	품절	기사	고객	설치비
무책임	반응	배송	베스트셀러	추가	통신
포인트	보상하다	적립하다	설치하다	지연되다	모시다

연습

1. 다음 빈칸에 알맞은 단어를 아래에서 찾아서 쓰십시오.

기사 통신 중고 고객

(1) 인터넷을 연결하고 싶으면 (   ) 회사에 전화하세요.

(2) 컴퓨터에 문제가 생겨서 (   )을/를 불러서 고치고 있어요.

(3) 자취하는 학생들은 새 제품보다 (   ) 가전제품을 많이 사용해요.

(4) 중앙 여행사를 많이 이용한 (   )만 이번 특별 상품을 이용하실 수 있습니다.

2. 다음 (   )에 알맞은 단어를 쓰십시오.

추가 배송 품절 포인트 베스트셀러

(1) 가: 어떤 책이 재미있어요?

나: 이 책이 요즘 (   )(이)니까 재미있을 거예요.

(2) 가: 왜 항상 그 사이트에서만 물건을 사요?

나: 그 사이트가 (   )을/를 제일 많이 주거든요.

(3) 가: 제가 찾는 물건이 없는 것 같아요.

나: 네, 손님이 찾으시는 물건은 지금 (   )이에요/예요.

(4) 가: 지금 주문하면 언제 물건을 받을 수 있을까요?

나: 오늘 오전에 (   )을/를 하니 오늘 중으로 받으실 수 있습니다.

(5) 가: 더 할인받을 수 있는 방법이 있습니까?

나: 학생증이 있으면 (   )(으)로 5% 할인이 됩니다.

3. 밑줄 부분과 관련 있는 것을 아래에서 찾아서 **보기** 처럼 문장을 완성하십시오.

보기

가: 어제 본 집은 계약을 하셨어요?
나: 아니요, (계약금)이/가 조금 모자라서 못 했어요.

–값　　　　–금　　　　–비

(1) 가: 인터넷 설치는 무료로 해 주십니까?

나: 아니요, (　　　　　　)을/를 따로 내셔야 합니다.

(2) 가: 요즘은 직접 밥을 해 먹는 사람들이 많아진 것 같아요.

나: 네, (　　　　　　)이/가 너무 올라서 그래요.

(3) 가: 이번 학기에 등록을 하셨어요?

나: 아니요, (　　　　　　)이/가 너무 많이 올라서 아직 못 했어요.

(4) 가: 오늘 중으로 책을 배송 받으려면 얼마를 내야 해요?

나: 저희 서점에서는 어떤 경우에도 (　　　　　　)을/를 받지 않습니다.

무N // 유N

무소식이 희소식이다.

저희 식당에서는 무농약 채소를 사용합니다.

유선 인터넷보다 무선 인터넷이 더 편리해요.

무능력한 사람에게 그렇게 중요한 일을 맡기면 안 돼요.

그 사람은 계속 자신이 유죄가 아니라 무죄라고 말하고 있어요.

무선	○	유선	○
무죄	○	유죄	○
무능력	○	유능력	○
무관심	○	유관심	×
무계획	○	유계획	×
무조건	○	유조건	×
무농약	○	유농약	×
무자격	○	유자격	○
무소식	○	유소식	×
무제한	○	유제한	×

연습

(1) 어떤 일을 (   )으로 하면 잘되기가 어려워요.

(2) 우리 할머니께서는 제 말을 (   ) 믿어 주십니다.

(3) (   )자가 그 일을 하면 분명히 문제가 생길 거예요.

(4) 인터넷은 시간과 관계없이 (   )(으)로 사용할 수 있어요.

(5) 부모의 (   ) 때문에 아이들이 게임 중독에 빠지는 경우가 많아요.

계획　　제한　　자격　　관심　　조건

A/V-든지 A/V-든지 // N(이)든지 N(이)든지

가: 이 가방은 너무 비싸니까 저걸 사는 게 어때요?
나: 싸든지 비싸든지 저는 꼭 이 가방을 살 거예요.

가: 다음 주에 여행을 가기로 했어요. 조금 멀지만 같이 갈래요?
나: 네, 멀든지 가깝든지 저도 여행을 가고 싶어요.

가: 주말에 어디에 갈까요? 산에 갈까요, 바다에 갈까요?
나: 산이든지 바다든지 이번 주에 꼭 가고 싶어요.

연습

(1) 가: 날씨가 좋지 않은데 산에 가세요?

나: 네, ______________ 매주 주말에 가요.

(2) 가: 그 바지는 당신에게 안 어울리는데 살 거예요?

나: 나한테 ______________ 꼭 사고 싶어요.

(3) 가: 성주 씨, 배고프지요? 김밥을 먹을래요, 라면을 먹을래요?

나: ______________ 빨리 먹고 싶어요.

(4) 가: 그 사람은 키가 너무 작은 것 같아요.

나: 키가 ______________ 저는 그 사람이 좋아요.

(5) 가: 주말이라서 명동에 사람이 너무 많지 않을까요?

나: 사람이 ______________ 저는 명동에 꼭 가야 해요.

어울리다 / 안 어울리다　　크다 / 작다　　비가 오다 / 눈이 오다
김밥 / 라면　　많다 / 적다

A/V-(으)ㄴ/는 척하다 / 체하다 // N인 척하다 / 체하다

가: 방에서 게임하고 있는데 엄마가 들어오시면 어떻게 해요?
나: 저는 공부하는 척해요.

가: 제가 싫어하는 사람이 저한테 계속 전화를 하네요.
나: 그래요? 통화하기 싫으면 바쁜 척하세요.

가: 방송국에 어떻게 들어갔어요?
나: 기자인 척하고 들어갔어요.

연습

(1) 가: 친구와 말하기 싫을 때는 어떻게 해요?

나: 침대에 누워서 ____________________ 척해요.

(2) 가: 학생들이 그 학생을 왜 싫어해요?

나: 귀엽지도 않은데 ____________________ 척하니까 싫어해요.

(3) 가: 오늘 성주가 많이 아픈 것 같아요.

나: 아니에요. 아프지 않은데 학교에 가기 싫어서 ____________________ 척하는 거예요.

(4) 가: 저 사람이 진짜 당신 남자 친구예요?

나: 아니에요. 오늘 하루만 제 ____________________ 척하기로 했어요.

(5) 가: 아까 식당에서 먹은 음식이 맛있었어요?

나: 아니요, 사실 음식이 맛이 없었는데 ____________________ 척하고 많이 먹었어요.

아프다 자다 맛있다 귀엽다 남자 친구

V-기가 무섭게 / 바쁘게

가: 오늘은 집에 일찍 왔네요?
나: 할 일이 많아서 수업 끝나기가 무섭게 출발했어요.

가: 아이들이 게임을 참 좋아하지요?
나: 네, 돈이 생기기가 무섭게 게임방으로 달려가요.

가: 그 식당 음식이 그렇게 맛있어요?
나: 네, 아침에 문 열기가 바쁘게 손님들이 들어와요.

연습

(1) 가: 성주 씨는 어디 갔어요?

나: 조금 전에 전화 ____________________ 나갔어요.

(2) 가: 동생은 집에 오면 뭘 해요?

나: 집에 ____________________ 컴퓨터 게임을 해요.

(3) 가: 이번에 새로 나온 제품의 반응이 어때요?

나: 아주 좋아요. ____________________ 품절이에요.

(4) 가: 과자를 벌써 다 먹었어요?

나: 네, 너무 맛있어서 ____________________ 다 먹었어요.

(5) 가: 엄마, 아빠 어디 가셨어요?

나: ____________________ 회사에서 전화가 와서 다시 나가셨어.

끊다 나오다 만들다 들어오다 퇴근하다

대화해 봅시다

>>> 여러분은 인터넷에서 물건을 사고 문제가 생겼을 때 어떻게 해결합니까?

성주 거기 인터넷 서점이죠? 지난주 월요일에 주문한 책을 아직도 못 받아서 전화드렸습니다. 제 이름은 김성주이고 주문 번호는 90215예요.

직원 네, 고객님. 확인해 보겠습니다.

(잠시 후)

직원 고객님께서 주문하신 책이 품절이라서 아직 배송이 안 됐습니다.

성주 이상하네요. 제가 주문할 때는 분명히 품절이 아니었어요.
혹시 아직 배송을 안 하시고 책이 없는 척하시는 건 아닙니까?

직원 아닙니다. 고객님께서 주문하신 책은 베스트셀러라서 들어오기가 무섭게 다 팔렸네요.

성주 그럼 연락을 주셔야지요? 정말 무책임하시네요.

직원 정말 죄송합니다. 이번 주말까지는 다시 들어올 테니까 그때까지 기다려 주십시오. 그리고 배송 지연을 보상해 드리기 위해 고객님께 1000포인트 적립해 드리겠습니다.

성주 포인트를 적립해 주든지 주지 않든지 저는 관심이 없어요. 제가 주문한 책을 빨리 받아 보고 싶어요.

직원 네, 무슨 말씀인지 알겠습니다. 다음 주까지 꼭 배송해 드리겠습니다.

1. 성주 씨는 어디에 전화를 했습니까?
2. 성주 씨가 전화한 이유는 무엇입니까?
3. 성주 씨는 왜 주문한 물건을 못 받았습니까?
4. 인터넷 서점에서는 성주 씨에게 어떻게 보상한다고 했습니까?

들어 봅시다

여러분 나라에서는 전화로 무엇을 물어볼 때 어떻게 이야기합니까?

I 다음을 듣고 질문에 답하십시오.

1. 전화한 학생은 무엇을 하려고 합니까?

① 집을 구하려고 한다. ② 학교에 가려고 한다.

③ 슈퍼에 가려고 한다. ④ 가전제품을 사려고 한다.

2. 다음 중 들은 내용과 같은 것은 무엇입니까?

① 물건의 가격은 모두 비슷하다.

② 학생은 내일 거기로 갈 것이다.

③ 전화한 곳은 새 제품을 파는 곳이다.

④ 좋은 물건은 들어오자마자 바로 팔린다.

3. 다음과 같이 가게 주인과 학생의 대화를 배운 문법을 사용해서 완성해 보십시오.

주인 어서 오세요. 좀 전에 전화한 학생이군요.
학생 네, 아저씨 말씀 듣고 ________________ 뛰어왔어요.
주인 잘했어요. 지금 있는 건 괜찮은 물건이라서 값이 좀 비싸요.
학생 괜찮아요. ________________ 지금 꼭 사야 하니까요.
주인 그래요. 여기서 차 한잔 마시고 천천히 구경해 보세요.
학생 고맙습니다.

전화 끊다　　싸다 / 비싸다

>>> 여러분은 한국에서(또는 여러분 나라에서) 전화로 무엇을 물어본 적이 있습니까? 전화로 물어본 것과 직접 가서 본 것이 너무 달라서 놀란 적이 있습니까?

>>> 여러분 나라에서는 인터넷을 설치하고 싶으면 어떻게 해야 합니까?

Ⅱ 다음을 듣고 질문에 답하십시오.

1. 어디에 전화를 했습니까?

① 우체국

② 백화점

③ 통신 회사

④ 가전 판매점

2. 들은 내용과 같으면 ○, 다르면 × 하세요.

(1) 설치 기사는 오늘 오후에 방문할 것이다. (　　)

(2) 인터넷을 설치할 때는 주소만 알려주면 된다. (　　)

(3) 전화한 사람은 인터넷만 되는 상품을 설치할 것이다. (　　)

(4) 전화와 TV를 모두 설치하면 설치비는 따로 안 내도 된다. (　　)

3. 여자가 걱정하는 것은 무엇입니까?

① 설치 기사가 너무 늦게 도착하는 것

② 전화한 사람이 값이 싼 상품을 신청하는 것

③ 설치비가 비싸서 인터넷 설치를 안 하는 것

④ 기사가 찾아갔는데 집에 사람이 없는 척하는 것

>>> 인터넷이나 가전제품 등의 설치를 맡겨 본 적이 있습니까? 인터넷 설치, 사용과 관련한 경험에 대해 이야기해 보십시오.

말해 봅시다

I 여러분은 어느 것을 선택해도 상관없을 때 어떻게 말합니까? 'A/V-든지 A/V-든지', 'N(이)든지 N(이)든지'를 사용하여 다음 상황에서의 대화를 짝과 함께 이야기해 보십시오.

이상형

가: 어떤 사람이 좋아요?

나: 돈이 있든지 없든지 착한 사람이 좋아요.

가: 외모는요?

나: 키가 크든지 작든지 능력이 있는 사람이 좋아요.

성격 / 외모 / 직업 / 가족 관계

직장 면접

가: 월급은 어느 정도를 원하세요?

나: ______________________ 취직하면 열심히 일을 할게요.

가: 시간은 낮이 좋아요, 밤이 좋아요?

나: 네, ______________________ 다 할 수 있어요.

근무 시간 / 월급 / 휴일 근무

데이트

가: 어디에서 만날까요?

나: ______________________ 다 좋아요.

가: 만나서 무엇을 할까요?

나: ______________________ 재미있으면 돼요.

만나는 장소 / 만나서 할 일 / 먹는 것

여행

가: 이번 주 토요일에 산에 갈 거예요? 바다에 갈 거예요?

나: ______________________ 꼭 갈 거예요.

가: 비나 눈이 와도 갈 거예요?

나: ______________________ 여행을 꼭 갈 거예요.

여행 장소 / 날씨 / 여행에서 할 일 / 숙박 시설

Ⅱ 전화로 문의해 본 경험이 있습니까? 언제, 어디에 문의해 봤습니까? 아래의 두 가지 경우 중 하나를 선택하여 짝과 함께 이야기해 보십시오.

(1)

• **KTX를 타고 부산에 갈 경우** [한국철도공사(코레일) 문의전화: 1544-7788]

출발 일시		년 월 일 (오전 / 오후) 시	
출발역 • 도착역		(서울) ⇨ (부산)	
좌석 방향		창측 (창쪽) 좌석 □	내측 (안쪽) 좌석 □
인원 정보		어른 ( ) 명	만 4세 ~ 12세 ( ) 명
요금	**특실**	83,700원	53,800원
	일반석	59,800원	29,900원
	입석	56,800원	28,400원

가: 안녕하십니까? 한국철도공사입니다.
무엇을 도와드릴까요?

나: 서울에서 부산에 가려고 하는데요.

가: 언제, 몇 시로 예매해 드릴까요?

나: ______________________.

가: 좌석은 창측 좌석을 원하세요, 내측 좌석을 원하세요?

나: ________(으)로 주세요.

가: 인원은 몇 명이십니까?

나: ______________________.

가: 어린이도 있습니까?

나: ______________________.

가: 특실, 일반실, 입석이 있습니다. 어떤 것으로 드릴까요?

나: ________(으)로 주세요. 그런데 ________은/는 얼마예요?

가: ________은/는 ________원입니다. ________(으)로 드릴까요?

나: 네, 감사합니다.

(2)

• **펜션을 예약할 경우**

1. 이용 요금

구분	인원	주중	주말
별빛동	2~4인	70,000원	80,000원
달빛동	4~8인	120,000원	140,000원
햇빛동	8~12인	160,000원	180,000원

※ 인원이 많을 경우 1인당 10,000원을 더 내셔야 합니다.

2. 예약을 취소할 경우

기간	이용일 10일 전	이용일 5일 전	이용일 3일 전	이용일 1일 전	이용 당일 취소
환불	100%	70%	50%	20%	환불 없음

가: 안녕하세요? 중앙 펜션입니다.

나: 안녕하세요. 방 하나를 예약하고 싶은데요.

가: 언제 이용하실 거예요?

나: 다음 주 토요일로 예약해 주세요. 주말은 더 비싸요?

가: 주말인 경우는 주중보다 조금 더 비싸요.

나: ______________________________?

가: 예약을 취소하실 경우에는 이용일 5일 전에 70%를 환불해 드려요.

나: ______________________________.

가: ______________________________.

나: ______________________________.

읽어 봅시다

여러분 나라의 안내 전화번호는 한국의 전화번호와 비슷합니까?

Ⅰ 다음은 안내 전화번호입니다. 1~8의 경우, 어디로 전화해야 합니까?

안내	전화번호
1. 화재, 응급 환자	119
2. 날씨	131
3. 범죄 신고	112
4. 다산콜센터(외국인 행복콜 서비스)	120
5. 우체국콜센터	1588-1300
6. 전화번호 안내	지역번호+114
7. 고속버스 안내	1544-5551 / 1588-6900
8. 철도 안내	1544-7788

화재 / 응급 / 범죄 / 철도

1. 친구가 열이 심하게 나서 갑자기 쓰러졌습니다. (   )
2. 부산에 기차를 타고 가려고 합니다. 기차 시간이 궁금합니다. (   )
3. 고향에 택배와 편지를 보내고 싶은데 우체국이 몇 시에 문을 닫는지 궁금합니다. (   )
4. 내일 친구와 등산을 하려고 하는데 날씨가 궁금합니다. (   )
5. 서울에 있는 유명한 음식점과 위치를 알고 싶습니다. (   )

»» 여러분은 하루에 휴대 전화를 얼마나 사용합니까? 주로 무엇을 합니까?

Ⅱ 다음을 읽고 질문에 답하십시오.

휴대 전화를 너무 많이 사용하면 육체적, 정신적으로 문제가 생깁니다. 잠을 못 자거나 피로해지기 쉽고, 쉽게 우울해지거나 집중력이 낮아집니다. 여러분도 아래에 있는 표를 보고 테스트를 한번 해 보십시오. 결과가 36점 이상이면 휴대 전화 중독 위험 수준입니다.

테스트 기준 표

전혀 아니다	약간 그렇다	그렇다	많이 그렇다	아주 많이 그렇다
1	2	3	4	5

(1) 휴대 전화 배터리가 조금 남으면 불안해진다.
(2) 전화가 잘 안 되는 곳에는 오래 있고 싶지 않다.
(3) 집에 휴대 전화를 두고 오면 하루 종일 불안하다.
(4) 전화가 오지 않아도 자주 휴대 전화를 확인한다.
(5) 수업 시간에도 문자 메시지가 오면 바로 문자를 보낸다.
(6) 문자 메시지를 보냈는데 바로 답장이 안 오면 짜증이 난다.
(7) 수업 시간에도 전화를 받기 위해 휴대 전화를 끄지 않는다.
(8) 휴대 전화 요금이 너무 많이 나와 줄이려고 노력한 적이 있다.
(9) 걱정을 잊기 위해 문자 메시지를 보내거나 휴대 전화 게임을 한다.
(10) 심심하거나 시간이 있으면 이유 없이 전화를 걸거나 문자를 보낸다.
(11) 새 전화기를 사거나 전화 요금을 내려고 아르바이트나 거짓말을 한 적이 있다.
(12) 만나서 대화를 하는 것보다 전화가 편하고, 전화보다 문자 메시지가 더 편하다.

육체적 / 정신적 / 우울 / 집중력 / 수준 / 불안하다 / 꺼내다 / 답장 / 짜증이 나다 / 줄이다

1. 다음 중 휴대 전화 중독으로 생길 수 있는 문제가 아닌 것은 무엇입니까?

① 우울증이 생길 수 있다.

② 집중력이 떨어질 수 있다.

③ 피로함을 못 느낄 수 있다.

④ 잠을 자는 데 문제가 생길 수 있다.

2. 여러분의 휴대 전화 중독 테스트 점수는 몇 점입니까? 친구들의 테스트 결과를 보고 이야기해 보십시오.

(나의 중독 점수:)

써 봅시다

1. 여러분은 휴대 전화를 하루에 몇 시간 정도 사용합니까?

⇨

2. 휴대 전화로 할 수 있는 것은 무엇입니까?
그중에 여러분이 많이 사용하는 것은 무엇입니까?
(통화, 문자, 쇼핑, 영화 예매, 영화와 음악 감상, 게임, 인터넷 뱅킹, 동영상 등)

⇨

3. 만약에 휴대 전화가 없으면 여러분 생활이 어떻게 될 것 같습니까?

⇨

처음	
중간	
끝	

※ 다음을 읽고 400~600자로 글을 쓰십시오.

여러분은 휴대 전화가 없는 생활을 상상할 수 있습니까? 휴대 전화가 여러분의 생활에 어떤 의미가 있는지 한번 생각해 보십시오. 단, 아래에 제시한 내용이 모두 포함되어야 합니다.

- 휴대 전화를 하루에 얼마나 사용합니까?
- 휴대 전화로 주로 무엇을 합니까?
- 만약에 휴대 전화가 없으면 여러분의 생활은 어떻게 바뀔 것 같습니까?

100

200

300

쉬어 가기

다음은 한국의 재미있는 전화번호입니다. 이것을 참고로 여러분 나라의 재미있는 전화번호를 쓰고 그 이유를 이야기해 보십시오.

한국의 재미있는 전화번호

① **** - 2424	② **** - 5151
③ **** - 5252	④ **** - 1504
⑤ **** - 2875	⑥ **** - 4989
⑦ **** - 7788	⑧ **** - 9292
⑨ **** - 0000	⑩ **** - 8282

☏ 이삿짐 센터 2424(이사이사)	☏ 기름집 5151(오일오일)
☏ 오이 가게 5252(오이오이)	☏ 관광호텔 1504(한번오십사)
☏ 치과 2875(이빨치료)	☏ 철도 안내 7788(칠칠팔팔)
☏ 중고 가구 4989(사구팔구)	☏ 심부름센터 8282(빨리빨리)
☏ 불고기 집 9292(구이구이)	☏ 빵 가게 0000(빵빵빵빵)

기름 / 심부름 / 철도

3과

책을 많이 읽는 모양이군요

– 여러분은 책 읽기를 좋아해요? 어디에서 책을 읽으세요?
여러분은 도서관에 가면 무엇을 하세요? –

배워 봅시다

대출	반납	연장	연체	열람실	입실
퇴실	자세	조명	공중도덕	소문	눕다
엎드리다	흔들리다	깜박하다	놓치다	맡기다	찢다

연습

1. 다음 빈칸에 알맞은 단어를 쓰십시오.

(1) 어머니는 지금 허리가 아프셔서 방에 (   ) 계세요.

(2) 운동을 잘하기 위해서는 우선 좋은 (   )을/를 먼저 배워야 합니다.

(3) 어젯밤 공연은 가수들의 노래도 좋았지만 (   )이/가 너무 아름다웠어요.

(4) 사람이 많은 곳에서는 (   )을/를 잘 지켜야 사람들이 불편해하지 않는다.

2. 다음 설명에 맞는 단어를 쓰십시오.

(1) 도서관에서 책이나 잡지를 보는 방 (   )

(2) 대출 기간을 지키지 못하고 지나가는 것 (   )

(3) 책을 빌렸는데, 다 못 읽어서 대출 기간이 더 필요할 때 하는 것 (   )

3. 다음 단어와 뜻이 반대되는 단어를 연결하십시오.

(1) 입실 •　　　　• 잡다

(2) 대출 •　　　　• 반납

(3) 놓치다 •　　　　• 퇴실

V-았/었다가

가: 그림 다 그렸어요?
나: 그렸다가 마음에 안 들어서 지웠어요.

가: 왕명 씨, 아직 학교에 안 갔어요?
나: 휴대 전화를 두고 가서 학교에 갔다가 다시 왔어요.

가: 어? 민수 씨, 안 잤어요?
나: 네, 잠깐 누웠다가 할 일이 생각나서 다시 일어났어요.

연습

(1) 가: 물고기 한 마리도 못 잡았어요?

나: 네, ______________ 놓쳤어요.

(2) 가: 유미 씨 지금 자요?

나: 네, 아까 ______________ 다시 자요.

(3) 가: 에어컨 켰어요?

나: 네, ______________ 더워서 다시 켰어요.

(4) 가: 어제 신발 샀어요?

나: 신발을 ______________ 마음에 안 들어서 환불했어요.

(5) 가: 편지를 왜 찢었어요?

나: 여자 친구에게 ______________ 마음에 안 들어서 찢었어요.

잡다　　끄다　　사다　　쓰다　　일어나다

A/V-(으)ㄴ/는 모양이다 // N인 모양이다

가: 극장 앞에 사람들이 정말 많군요.
나: 영화가 재미있는 모양이에요.

가: 왕명 방이 왜 저렇게 조용하죠?
나: 공부하는 모양이에요.

가: 저 사람 중국말 정말 잘하네요.
나: 중국 사람인 모양이에요.

연습

(1) 가: 음식이 많이 남았군요.

나: 네, ______________________.

(2) 가: 성주 씨가 9시인데 자요?

나: 네, 일찍 자는 걸 보니까 ______________________.

(3) 가: 마트에 사람이 왜 저렇게 많아요?

나: ______________________.

(4) 가: 저 옷이 참 예쁜데 한 사람도 안 사네요.

나: ______________________.

(5) 가: 저분은 한국말과 중국말을 정말 잘하는군요.

나: 아마 ______________________.

통역사 피곤하다 비싸다 할인하다 맛이 없다

V-기에 앞서(서) // N에 앞서(서)

입학식을 시작하기에 앞서 잠시 안내 말씀 드리겠습니다.

개회식에 앞서 먼저 우리 학교 교장선생님을 소개해 드리겠습니다.

시험에 앞서 선생님께서 우리들에게 시험 보는 방법을 설명하셨다.

수술하기에 앞서 의사선생님이 수술방법을 설명해 주셨다.

연습

(1) ______________ 전통문화에 대한 공연을 했다.

(2) 허리 ______________ 일상생활에서의 습관을 잘 봐야 합니다.

(3) ______________ 출석을 확인하겠습니다. 이유미 학생 왔어요?

(4) 다른 사람을 ______________ 먼저 자신의 잘못을 생각해 봐야 한다.

(5) 고객 여러분, 에어컨을 ______________ 사용 설명서를 꼭 읽어 주세요.

(6) 저희 어머니의 ______________ 먼저 여기에 와 주신 손님 여러분께 감사드립니다.

치료	환갑잔치	올림픽 개막식
욕하다	사용하시다	수업을 시작하다

N을/를 통해(서)

가: 누구를 통해서 그 과일을 샀어요?
나: 시골에 있는 제 친구를 통해서 샀어요.

가: 왕명 씨가 이번 주말에 결혼해요? 정말요?
나: 네, 제 남편을 통해서 들었어요.

가: 제주도 여행정보를 어떻게 알았어요?
나: 여행사를 통해서 알았어요.

연습

(1) 가: 유미 씨는 부동산 정보를 어디에서 얻어요?

나: 보통 ______________________ 얻어요.

(2) 가: ______________________ 고향 소식을 알아요?

나: 인터넷 뉴스를 통해서 고향 소식을 알아요.

(3) 가: 내일 올림픽 개막식을 꼭 보고 싶어요.

나: 네, 저도요. ______________________ 방송을 하겠죠?

(4) 가: 어떻게 하면 그렇게 글씨를 잘 쓸 수 있어요?

나: ______________________ 글씨를 잘 쓸 수 있게 되었어요.

(5) 가: 진나 씨는 연예인에 대해서 어떻게 그렇게 잘 알아요?

나: 방송국에서 일하는 ______________________ 많이 들어요.

무엇	연습	제 친구	텔레비전	인터넷

대화해 봅시다

여러분은 책을 많이 읽습니까? 친구 중에서는 누가 책을 많이 읽습니까?

토니 이번 '독서대회'에서 누가 1등을 했는지 알아요?

제인 글쎄요. 누구예요?

토니 바로 성주 씨예요. 조금 전에 왕명 씨를 통해서 들었어요.

제인 그래요? 성주 씨가 책을 많이 읽는 모양이군요.

토니 맞아요. 성주 씨는 우리 과에서도 책을 많이 읽는 학생으로 소문났어요.

제인 그렇군요. 그런데, 내가 지난주에 빌려 준 책은 가져왔어요?

토니 어? 그거 가방이 무거워서 동아리 친구에게 맡기고 왔는데요.

제인 그래요? 나 그거 오늘 반납하려고 했는데요.

토니 그럼 제가 동아리방에 뛰어갔다가 올게요. 친구가 지금 거기 있을 거예요.

제인 아니, 괜찮아요. 내일까지 반납하면 되니까 내일 가지고 오세요.

토니 네, 알았어요. 내일 꼭 가지고 올게요.

제인 이제 우리 들어가서 공부해요. 아! 열람실 들어가기 전에 휴대 전화 벨소리를 진동으로 바꿔요.

토니 아! 깜박했네요.

1. 성주 씨는 무엇 때문에 상을 받았습니까?

2. 제인은 오늘 책을 반납할 수 있습니까? 그 이유는 무엇입니까?

3. 열람실에 들어가기 전에 두 사람은 무엇을 합니까?

들어 봅시다

>>> 여러분은 어디에서 보통 책을 읽습니까? 어떤 자세로 책을 읽습니까?

I 다음을 듣고 질문에 답하십시오.

1. 들은 내용의 중심 내용은 무엇입니까?

① 독서의 중요성　　② 책을 읽는 시간

③ 독서를 하는 방법　　④ 책을 읽는 자세와 장소

2. 책을 읽는 바른 자세이면 ○, 아니면 × 하십시오.

(1) 누워서 책을 읽는다. (　　)

(2) 걸으면서 책을 읽는다. (　　)

(3) 흔들리는 곳에서 책을 읽지 않는다. (　　)

(4) 조명이 밝은 장소에서 책을 읽는다. (　　)

(5) 책과 눈의 거리는 15~20cm로 한다. (　　)

(6) 오랫동안 책을 읽을 때는 중간중간 쉰다. (　　)

3. 들은 내용과 같은 것을 고르십시오.

① 밝은 곳보다 어두운 곳이 좋다.

② 엎드려서 읽으면 허리에 좋지 않다.

③ 책을 읽을 때의 자세는 건강과 관계없다.

④ 식사 후 바로 책을 읽으면 더 잘 이해할 수 있다.

>>> 여러분은 보통 어떤 자세로 수업을 듣습니까?

>>> 여러분은 혹시 도서관에서 공중도덕을 잘 지키지 않는 사람을 본 적이 있습니까?

Ⅱ 다음을 듣고 질문에 답하십시오.

1. 수미 씨는 왜 열람실에서 나왔습니까?

① 졸려서

② 데이트하려고

③ 마이클 씨를 만나려고

④ 옆 사람들이 시끄럽게 해서

2. 수미 씨 옆 사람들은 지금 무엇을 하는 것 같습니까?

( )

3. 수미 씨는 이제 무엇을 할 것 같습니까?

① 도서관에서 나갈 것이다.

② 들어가서 시험공부를 할 것이다.

③ 도서관에서 데이트를 할 것이다.

④ 마이클 씨에게 문자를 보낼 것이다.

>>> 여러분은 도서관에서 공중도덕을 잘 지킵니까?

말해 봅시다

I 여러분은 추측할 때 어떻게 말합니까? 'A/V-(으)ㄴ/는 모양이다 // N인 모양이다'를 사용해서 보기 와 같이 말해 보십시오.

보기 **오늘 학교에 안 왔어요**

가: 왕명 씨가 오늘 학교에 안 왔어요.
나: 왕명 씨가 많이 아픈 모양이에요.

1. 오늘 학교에 안 왔어요.	10. 수업이 끝나고 바로 집에 갔어요.
2. 땀이 많이 났어요.	11. 눈이 빨갛게 되었어요.
3. 옷을 많이 입었어요.	12. 열심히 공부하고 있어요.
4. 웃고 있어요.	13. 1시간 동안 전화를 하고 있어요.
5. 울고 있어요.	14. 화가 났어요.
6. 하루 종일 자고 있어요.	15. 노래를 부르고 있어요.
7. 밥을 먹지 않아요.	16. 기다려도 오지 않아요.
8. 아무 말도 하지 않아요.	17. 물건을 찾고 있어요.
9. 돈이 없어요.	18. 요즘 저와 말을 하지 않아요.

Ⅱ 도서관에 가 본 적이 있습니까? 아래의 상황에서 문의를 하려고 합니다. 도서관 직원과 학생이 되어 이야기해 보십시오. (가: 학생, 나: 도서관 직원)

보기

도서관 정보를 문의할 때

• 개관 시간: 평일 (09:00~21:00) 토요일 (09:00~15:00) • 학생증이 있으면 도서관 이용 가능 • 열람실에서 공부 가능	가: 도서관을 이용하고 싶은데 어떻게 해야 해요? 나: 학생증이 있으면 이용 가능해요. 가: 몇 시까지 이용할 수 있어요? 나: 평일은 9시에서 21시까지, 토요일은 9시부터 15시까지 이용할 수 있어요. 가: 공부를 하고 싶으면 어디에서 하면 돼요? 나: 열람실에서 공부할 수 있어요.

대출할 때

• 컴퓨터로 검색하다 책을 찾아오다 • 학부 학생: 10권 14일 한국어 교육원생: 3권 10일	가: 대출을 하고 싶은데 어떻게 해야 해요? 나: 빌리고 싶은 책을 컴퓨터로 검색한 후, 책을 찾아오면 돼요. 가: ________ 나: ________ 가: ________

연장할 때

• 학부 학생: 1회 1주일 연장 가능 • 한국어 교육원생: 반납한 후 다시 대출 가능	가: ________ 나: ________ 가: ________ 나: ________ 가: ________

연체했을 때

• 반납 날짜가 많이 지남 • 1권에 1일 100원 연체료 • 연체료를 내면 바로 대출 가능	가: ________ 나: ________ 가: ________ 나: ________ 가: ________

읽어 봅시다

여러분은 대학교 도서관에 가 봤습니까? 몇 시까지 공부할 수 있습니까?

Ⅰ 다음은 대학교 도서관 이용에 대한 글입니다. 읽고 질문에 답하십시오.

도서관 이용

1. **도서관을 이용할 수 있는 자격:** 대학교의 학부 학생과 대학원생 및 교직원
2. **도서 대출 기간:**

학부 학생	10권 14일
대학원생	20권 30일
교직원	20권 60일

※1회 연장 가능. 연체할 경우 연체료는 1일 1권에 100원

3. **도서관 개관 시간**

참고 자료실, 대출 자료실	09:00 ~ 21:00
일반 열람실	05:00 ~ 23:00

※휴관일: 공휴일, 개교 기념일

4. **이용 규칙**
   (1) 학생증이나 신분증을 가지고 다녀야 한다.
   (2) 다른 사람에게 피해를 줄 수 있는 물건(음식, 시끄러운 물건 등)은 가지고 들어갈 수 없다.
   (3) 입실에 앞서 휴대 전화는 진동으로 하거나 끄고 열람실 안에서는 통화하면 안 된다.
   (4) 다른 사람을 방해하는 행동을 하는 사람은 퇴실해야 한다.

교직원 / 학부 / 공휴일 / 개교 기념일 / 피해 / 진동 / 방해

1. 학부 학생이 빌릴 수 있는 책은 몇 권입니까?

2. 학생이 책 두 권을 빌렸는데 반납할 날짜보다 3일 지났습니다. 얼마의 연체료를 내야 합니까?

3. 다음 중 도서관 이용 규칙을 지키지 않은 것은 무엇입니까?

① 입실할 때 신분증을 가지고 갔다.

② 열람실 밖에서 과자나 음료를 먹었다.

③ 열람실에서 친구에게 모르는 것을 질문했다.

④ 휴대 전화를 진동으로 하고 문자로 연락했다.

>>> 여러분은 도서관에서 책을 빌려 봤습니까? 한국어 교육원 학생은 도서관에서 책을 빌릴 수 있습니까?

Ⅱ 다음은 도서관에서 책을 빌리고 반납하는 과정입니다. 읽고 질문에 답하십시오.

다음은 대학교 도서관에서 책을 빌리고 반납하는 과정입니다.

책을 빌리려면 먼저 학생증이 필요합니다. 학생증이 없으면 학과 사무실이나 행정실을 통해서 학생증을 만들어야 합니다. 그리고 도서관에 가서 자기가 빌리고 싶은 책을 찾아서 대출하는 곳 직원에게 갑니다. 학생증을 보여 주고 책을 빌려서 나오면 됩니다. 물론 조금만 보면 되는 책은 대출하지 않고 대출 자료실에서 읽을 수 있습니다.

책을 반납할 때는 대출할 때와 반대로 하면 됩니다. 먼저 대출한 책을 가지고 도서관으로 가서 반납하는 곳 직원에게 책을 주면 됩니다. 토요일이나 일요일같이 직원이 일을 하지 않는 경우에도 반납할 수 있습니다. 반납 기계가 있기 때문입니다. 반납 기계에 있는 모니터의 메뉴를 보고 반납하면 됩니다. 대출 기간은 자동으로 연장이 안 되니 직접 대출 기간을 연장해야 합니다. 대출 기간이 지나면 연체료를 내야 하니 대출 기간을 꼭 지켜야 합니다.

기계 / 모니터

1. 책을 빌리기 위해서는 무엇이 필요합니까?

2. 책을 반납하고 싶은데 직원들이 쉬는 날이라면 어떻게 해야 합니까?

3. 이 글을 읽고 같으면 ○, 다르면 × 하세요.

(1) 대출 자료실에서는 대출하지 않고 책을 읽을 수 있다. ( )

(2) 대출 기간이 지나면 자동으로 대출 기간이 연장된다. ( )

(3) 책을 반납할 때는 반드시 직원에게 책을 주어야 한다. ( )

써 봅시다

다음 그래프는 20대와 50대 남녀 300명을 대상으로 어떤 공공시설이 필요한지 조사한 결과입니다. 그 결과를 비교해 보십시오.

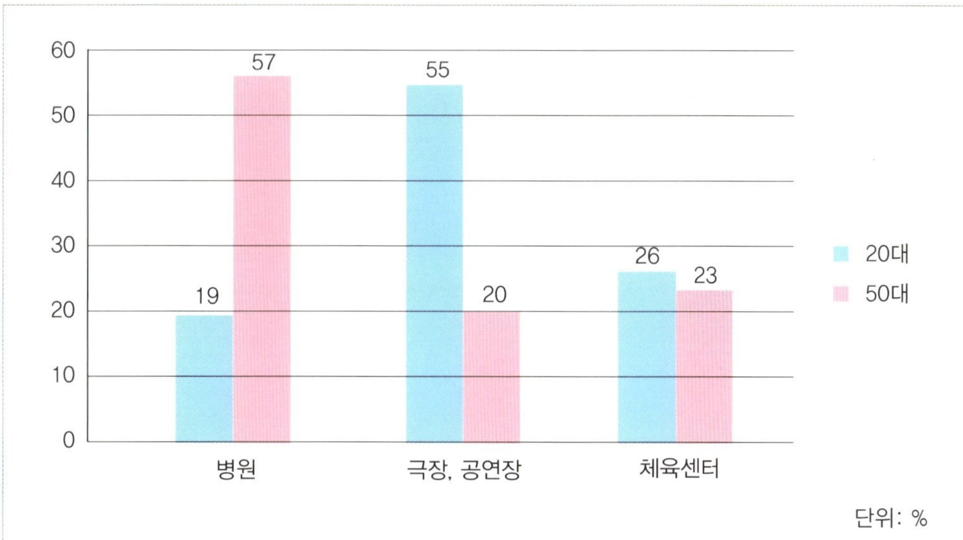

20대와 50대 남녀 300명을 대상으로 필요한 공공시설에 대해 조사를 실시하였다. 조사 결과 20대의 경우 __________ 이/가 ______ %로 가장 높게 나타났다. 그다음으로는 __________ 이/가 ______ %, __________ 이/가 ______ % 순이었다. 반면에 50대의 경우는 __________ 이/가 ______ %로 가장 높게 나타났다. 그다음으로는 __________ 이/가 ______ %, __________ 이/가 ______ %로 나타났다. 이번 조사 결과를 통해서 ____________________ 다는 것을 알 수 있다.

※ 다음을 읽고 200~300자로 글을 쓰십시오.

다음 그래프는 20대와 50대 남녀 300명을 대상으로 어떤 공공시설이 필요한지 조사한 결과입니다. 그 결과를 비교하여 쓰십시오.

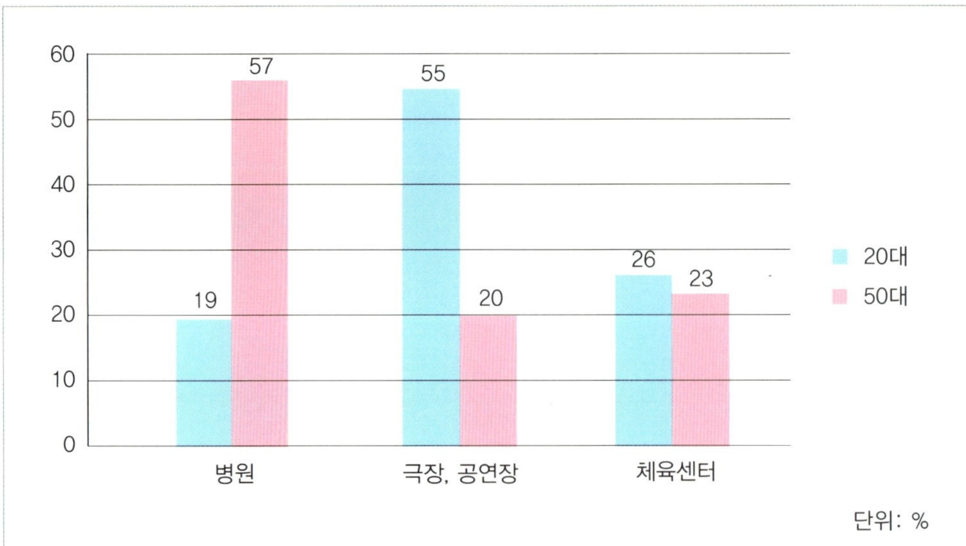

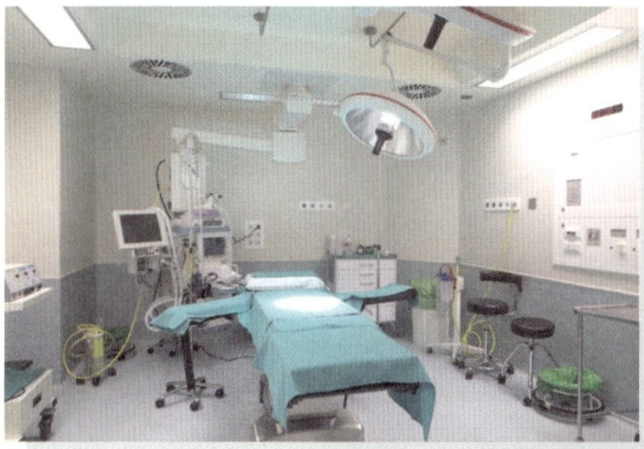

4과

음식을 남기지 마시오

- 우리 학교의 학생 식당에 대해서
100점 만점에 몇 점을 주겠어요? -

배워 봅시다

외식	뷔페	식단	양	질	인공 조미료
위생	만족도	의견	벌금	인상(을) 쓰다	붐비다
한산하다	넉넉하다	줄이다	적당하다	개선되다	나아지다
한턱내다	마음먹다				

연습

1. 다음 빈칸에 알맞은 단어를 쓰십시오.

(1) 한국에 올 때 친척들이 용돈을 (   )게 주셔서 기분이 좋았다.

(2) 오늘은 월급을 받았기 때문에 저녁에 친구들에게 (   ) 거예요.

(3) 오늘 학교 신문에는 일주일 동안의 학생 식당 (   )이/가 나와 있다.

(4) 오늘은 결혼기념일이라서 아내와 (   )도 하고 오랜만에 영화도 보았다.

(5) 친구와 싸운 뒤 그 학생은 수업 시간 동안 계속 (   )을/를 쓰고 있었다.

2. 다음 단어와 뜻이 반대되는 단어를 연결하십시오.

(1) 붐비다 •	• 늘리다
(2) 양 •	• 천연 / 자연
(3) 넉넉하다 •	• 한산하다
(4) 줄이다 •	• 질
(5) 인공 •	• 모자라다

3. 다음 단어와 뜻이 비슷한 단어를 연결하십시오.

(1) 결심하다 •	• 나아지다
(2) 개선되다 •	• 마음먹다
(3) 복잡하다 •	• 붐비다

N에다(가)

점심 식사에다가 커피까지 사 주셔서 고맙습니다.
비에다가 바람까지 불어서 우산이 필요없었어요.

• • •

쓰레기는 반드시 쓰레기통에다가 버려 주세요.
횡단보도 앞에다가 주차를 하면 안 돼요.

연습

(1) 작은 ________________ 뭘 이렇게 많이 넣었어요?

(2) 겨울에 ________________ 물을 너무 많이 주면 안 돼요.

(3) ________________ 장학금까지 받아서 기분이 정말 좋아요.

(4) 요즘은 ________________ 영어 공부까지 공부할 게 너무 많아요.

(5) 옷은 ________________ 걸어 주세요.

꽃　　가방　　옷걸이　　1등　　한국어 공부

A/V-(으)므로 // N이므로

시험 성적이 좋으므로 4급반에 갈 수 있습니다.

한국에 살므로 한국어 공부를 더 열심히 할 것입니다.

눈이 많이 왔으므로 오늘은 길이 많이 막힐 것입니다.

그 학생은 아주 부지런하므로 앞으로 꼭 성공할 것입니다.

왕명은 미성년자이므로 술집에 들어갈 수 없습니다.

연습

(1) 이 문법은 아주 ______________ 꼭 기억해야 합니다.

(2) 그 사람은 술버릇이 ______________ 조심해야 합니다.

(3) 모두 ______________ 지금부터 회의를 시작하겠습니다.

(4) 한글은 아주 쉬운 ______________ 빨리 배울 수 있습니다.

(5) 오늘은 만나기 어려운 ______________ 다음에 만나기로 했습니다.

(6) 생각이 많이 ______________ 아마 그는 나를 좋아하지 않을 것입니다.

글자	상황	모이다
나쁘다	다르다	중요하다

V-(으)시오 // V-지 마시오

【시험】 한 번씩만 읽으니 잘 들으시오.

【출입문】 문을 당기시오. ↔ 문을 미시오.

【안내문】 위험한 곳이니 들어가지 마시오.

【금연·흡연】 건물 안에서 담배를 피우지 마시오.

【박물관】 사진 촬영을 하지 마시오. 전시품에 손대지 마시오.

연습

(1) 【바닥】 침을 ________________.

(2) 【계단】 위험하니까 ________________.

(3) 【승강기 안】 승강기 문에 ________________.

(4) 【식당】 먼저 먹으려고 ________________.

(5) 【받아쓰기】 다음 내용을 듣고 공책에 ________________.

(6) 【공연】 공연 시작하기 전에 휴대 전화를 ________________.

뛰지 마시오

기대지 마시오

사진 촬영을 하지 마시오

담배를 피우지 마시오

뛰다	뱉다	끄다
기대다	새치기하다	쓰다 / 적다

A/V-지 않으면 안 되다 // A/V-지 않아도 되다

가: 선생님, 쓰기 숙제를 이번 주까지 제출해야 돼요?
나: ① 네, 이번 주까지 제출하지 않으면 안 돼요.
② 아니요, 이번 주까지 제출하지 않아도 돼요.

가: 세탁소에 맡긴 옷을 오늘 찾아야 돼요?
나: 네, 내일 결혼식에서 입으려면 오늘 찾지 않으면 안 돼요.

가: 제주도 가는 비행기 표를 예약해야 돼요?
나: 아니요, 요즘에는 관광객이 많지 않으니까 예약하지 않아도 돼요.

연습

(1) 가: 졸업식에서 한복을 입어야 돼요?

나: 네, 우리 학교 전통이니까 ______________________.

(2) 가: 우리 반 회식에 꼭 가야 돼요?

나: 네, 선생님들도 모두 오시니까 ______________________.

(3) 가: 이것은 복잡하고 어려우니까 외우지 않아도 되지요?

나: 아니요, 시험에 나올 수 있으니까 ______________________.

(4) 가: 오늘은 날씨가 좋으니까 우산을 가져가지 않아도 되지요?

나: 네, 오늘은 비가 안 온다고 하니까 ______________________.

(5) 가: 내일은 토요일이니까 일찍 일어나지 않아도 되지요?

나: 네, 특별한 일이 없으니까 일찍 ______________________.

가다	입다	외우다	가져가다	일어나다

대화해 봅시다

여러분 나라에서도 가끔 선생님과 식사를 합니까? 보통 어떤 곳으로 갑니까?

(선생님은 지난번에 약속했으므로 오늘은 학생들과 점심 식사를 하기로 했다.)

선생님 다 모였죠? 지금 모두 학생 식당으로 갑시다.

학 생 선생님, 학생 식당은 종류도 별로 없고 많이 먹을 수도 없어요. 그냥 학교 앞에 있는 고기 뷔페로 가요.

선생님 그래요? 그러면 거기로 가요.

(식사하기 전에)

학 생 선생님, 가지고 온 음식을 다 안 먹어도 되지요?

선생님 아니요, 가지고 온 음식을 다 먹지 않으면 안 돼요. 여러분, 먹기 전에 저기를 보세요. '음식을 남기지 마시오. 남기면 벌금 3000원을 내시오!' 모두 저기에 있는 게 무슨 말인지 알죠? 여기서는 가져온 음식을 다 먹지 않으면 안 되니까 조금씩 가져와서 먹기로 해요.

학 생 네, 선생님. 알겠습니다.

(식사한 후에)

학 생 선생님, 덕분에 오늘 맛있는 식사에다가 재미있는 이야기까지 해서 정말 즐거웠어요.

선생님 그래요? 나도 여러분과 함께해서 정말 즐거웠어요.

1. 선생님과 학생들은 어디에 갔습니까?

2. 왜 그곳에 갔습니까?

3. 식사하기에 앞서 선생님은 무슨 말씀을 하셨습니까?

4. 오늘 학생들은 왜 즐거웠습니까?

들어 봅시다

여러분은 학생 식당의 아주머니들께 인사를 잘합니까?
학생 식당의 아주머니들이 친절하신 편입니까?

I 다음을 듣고 질문에 답하십시오.

1. 들은 내용의 제목으로 알맞은 것은 무엇입니까?

① 학생 식당의 만족도
② 식단과 맛의 만족도
③ 가격과 위생의 만족도
④ 서비스와 메뉴의 만족도

2. 다음 중 세 사람의 요구 사항이 아닌 것은 무엇입니까?

① 음식의 양을 많이 주면 좋겠다.
② 일찍 열고 늦게 닫았으면 좋겠다.
③ 음식의 종류가 여러 가지면 좋겠다.
④ 좋은 맛을 위해 인공 조미료를 안 쓰면 좋겠다.

3. 들은 내용과 다른 것은 무엇입니까?

① 최근에 가격이 올랐다.
② 음식에 조미료를 많이 넣는다.
③ 예전보다는 학생 식당이 좋아진 편이다.
④ 지금은 아주머니들이 잘 웃고 친절하다.

>>> 혼자서 식사를 할 때와 친구들과 식사할 때는 무엇이 다릅니까?

Ⅱ 다음을 듣고 질문에 답하십시오.

1. 학생 식당에 대한 남학생과 여학생의 만족도를 ✓ 표시하십시오.

남학생		여학생	
만족	불만족	만족	불만족
(　　)	(　　)	(　　)	(　　)

2. 남학생이 한 말과 다른 것은 무엇입니까?

① 자주 학생 식당을 이용한다.

② 오늘은 직접 요리를 해서 먹었다.

③ 혼자서 식사하는 것을 아주 싫어한다.

④ 학생 식당의 가격과 양에 대해 만족한다.

3. 여학생이 한 말과 같은 것은 무엇입니까?

① 요리하는 것을 좋아한다.

② 김밥보다 빵을 더 좋아한다.

③ 보통 기숙사에서 요리를 한다.

④ 학생 식당에 전혀 가지 않는다.

>>> 듣기 내용처럼 학생 식당에 대해 간단하게 자신의 의견을 말해 보십시오.

말해 봅시다

I 다음의 상황에서 해야 하는 것과 하지 않아도 되는 것을 이야기해 보십시오. 'A/V-지 않으면 안 되다 // A/V-지 않아도 되다'를 사용하여 다음 상황에서의 대화를 짝과 함께 이야기해 보십시오.

해외여행 / 국내 여행

가: ○○ 씨, 방학 때 여행을 어디로 갈 거예요?

나: 저는 프랑스에 갈 거예요.

가: 프랑스에 갈 때 (비행기 표)을/를 예매해야 해요?

나: 네, (비행기 표)을/를 미리 예매하지 않으면 안 돼요.

가: (여권)을/를 가지고 가야 돼요?

나: 네, (여권)을/를 가지고 가지 않으면 안 돼요.

가: 두꺼운 옷도 준비해야 해요?

나: 아니요, 그 나라는 춥지 않으니까 준비하지 않아도 돼요.

가: ______________________.

나: ______________________.

……

비행기, 기차표	예약하다
식당, 호텔	예매하다
여권, 외국인 등록증	가지고 가다
카메라, 휴대 전화, 충전기	준비하다
화장품, 치약, 칫솔	사다
소설책, 두꺼운 옷, 모자	찾다
지도, 우산, 김치, 컵라면	

Ⅱ 한국에서 학생 식당과 학교 밖 일반 식당을 다 이용해 보았을 것입니다. 두 식당의 장점과 단점을 말하고, 두 식당에 바라는 점이 무엇인지 이야기해 보십시오.
(학생 식당은 '✓' 표시, 일반 식당은 '○' 표시를 하십시오.)

보기

☐ 값이 싸다 ☐ 값이 비싸다	☐ 깨끗하다 ☐ 지저분하다	☐ 친절하다 ☐ 불친절하다
☐ 맛있다 ☐ 맛없다	☐ 메뉴가 다양하다 ☐ 메뉴가 다양하지 않다	☐ 음식 나오는 시간이 길다 ☐ 음식 나오는 시간이 짧다
☐ 거리가 가깝다 ☐ 거리가 멀다	☐ 고향 음식을 먹을 수 있다 ☐ 고향 음식을 먹을 수 없다	☐ 언제든지 먹을 수 있다 ☐ 시간이 정해져 있다

	학생 식당	일반 식당
장점	• • • •	• • • •
단점	• • • •	• • • •
바라는 점과 이유	• 유학생들은 고향 음식을 먹고 싶을 때가 많으므로 일주일에 한 번쯤 여러 나라의 음식이 식단에 있으면 좋겠습니다. •	• •

읽어 봅시다

학생 식당의 어떤 점이 개선되었으면 좋겠습니까?
(친절도, 맛, 종류, 위생, 값을 중심으로 생각해 봅시다.)
학생 식당 앞에는 보통 어떤 안내문이 많이 있습니까? 여러분은 관심을 가지고 자주 보는 편입니까?

I 다음은 학생 식당에 대한 설문 조사 결과와 덧글입니다. 읽고 질문에 답하십시오.

학생 식당, 어떤 점이 개선되어야 할까요?

1. 더 맛있어야 한다.	280명	54%
2. 가격이 바뀌어야 한다.	100명	19%
3. 서비스가 더 좋아져야 한다.	74명	14%
4. 더 깨끗해야 한다.	73명	13%

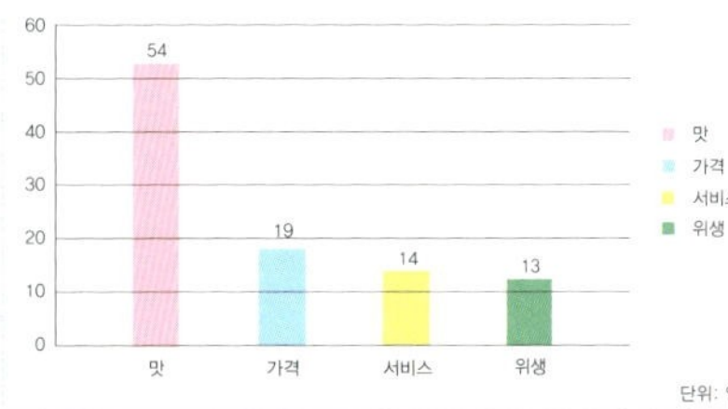

덧글 1: 식권 발매기에 사람이 너무 많아 오랫동안 줄을 서야 합니다. 직접 식권을 파는 사람도 있었으면 좋겠습니다.

덧글 2: 인기 좋은 메뉴는 너무 빨리 매진되어서 조금만 늦게 가면 먹고 싶지 않은데 비싼 특식이나 양식을 먹어야 합니다. 그러면 진짜 짜증납니다.

덧글 3: 최근 식당이 수리를 해서 더 깨끗하고 편안해졌습니다. 그렇지만 국이 부족하고 짭니다. 무엇보다 음식을 나누어 주는 시간이 너무 오래 걸려 안 좋습니다.

덧글 4: 학생 식당은 맛도 좋아지고 메뉴도 다양해졌습니다. 그렇지만 도서관 앞 식당과 교직원 식당은 아직도 개선해야 할 것이 많습니다. 학생 식당이 한두 곳 더 생기면 좋겠습니다.

덧글 / 식권 발매기 / 직접 / 특식

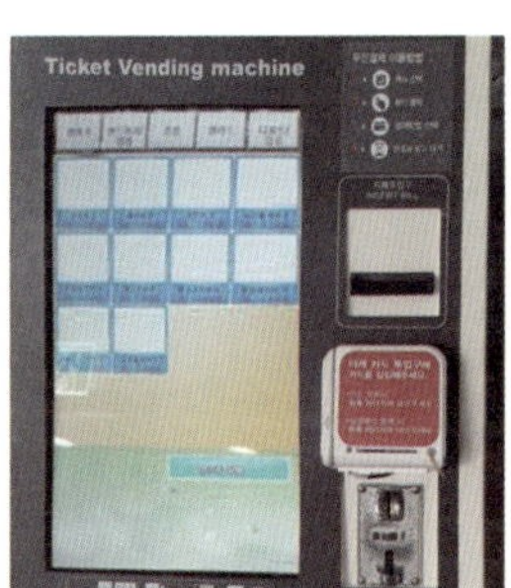

1. 다음 중 설문 조사 결과와 다른 내용은 무엇입니까?

① 가격에 대한 관심이 가장 높다.

② 맛이 좋아졌으면 좋겠다는 의견이 반 이상이다.

③ 맛, 서비스, 위생, 가격에 대한 것만 조사하고 있다.

④ 서비스와 위생에 대한 의견은 거의 비슷하게 나왔다.

2. 덧글을 보면 어떤 불편한 점이 있습니까? 불편한 점이 아닌 것은 무엇입니까?

① 수리를 안 해서 실내가 더럽다.

② 식권을 사려면 오랫동안 줄을 서야 한다.

③ 많은 사람들이 좋아하는 메뉴가 너무 빨리 매진된다.

④ 국이 부족하고 짜며 음식을 나누어 주는 시간이 너무 길다.

3. 이 글을 읽고 같으면 ○, 다르면 × 하십시오.

(1) 식권 파는 사람이 없다. (　　)

(2) 수리한 지 얼마 되지 않았다. (　　)

(3) 밥을 나누어 주는 시간이 빨라서 좋다. (　　)

(4) 교직원 식당이 학생 식당보다 훨씬 낫다. (　　)

Ⅱ 다음은 방학 동안, 교직원 식당과 학생 식당의 이용에 대한 안내문입니다. 읽고 질문에 답하십시오.

방학 중 교직원 식당과 기숙사 학생 식당 이용 안내

여름 방학 기간 중에 교직원 식당을 공사하려고 합니다.

- 여름 방학: 6월 22일 목요일 ~ 8월 31일 목요일
- 방학 중 토요일과 일요일에는 학교 안에 있는 모든 식당이 문을 닫으므로 이용할 수 없습니다.

1. 교직원 식당

1	**식사 시간**	11시 30분 ~ 14시
2	**식당 공사 기간**	7월 3일 월요일 ~ 7월 7일 금요일
3	• 공사 기간에는 기숙사 학생 식당을 이용해 주시기 바랍니다.	

2. 기숙사 학생 식당

1	**식사 시간**	**아침**	8시 ~ 9시
		점심	12시 ~ 14시
		저녁	18시 ~ 19시
2	• 기숙사 학생 식당의 아침과 저녁 식비는 기숙사비에 포함되어 있습니다. 점심은 식권을 구입해서 이용해 주시기 바랍니다. • 일반 학생과 교직원은 식권을 구입해서 이용해 주시기 바랍니다.		

식권 / 포함

1. 이 글을 읽고 같으면 ○, 다르면 × 하십시오.

(1) 학생 식당의 좋은 점에 대해 알리는 글이다. (　　)

(2) 안내문의 중심 내용은 학기 중 식당 이용에 대한 것이다. (　　)

(3) 방학 중에 교직원 식당에서는 점심만 먹을 수 있다. (　　)

2. 다음 중 안내문과 같은 내용은 무엇입니까?

① 교직원 식당은 방학 중 2주 동안 공사를 할 예정이다.

② 기숙사 학생들의 점심 식비는 기숙사비에 포함되어 있다.

③ 기숙사 학생 식당 공사 중에는 교직원 식당을 이용해야 한다.

④ 방학 중에는 주말에 학교 안에 있는 식당에서 밥을 먹을 수 없다.

써 봅시다

여러분이 자주 가는 식당은 어디입니까?
아니면 여러분이 한국 생활을 하면서 가장 기억에 남는 식당은 어디입니까?

메뉴

위치

자주 가는 식당 또는 가장 기억에 남는 식당

분위기

식당의 장점

식당 이름

식당의 단점

처음	
중간	
끝	

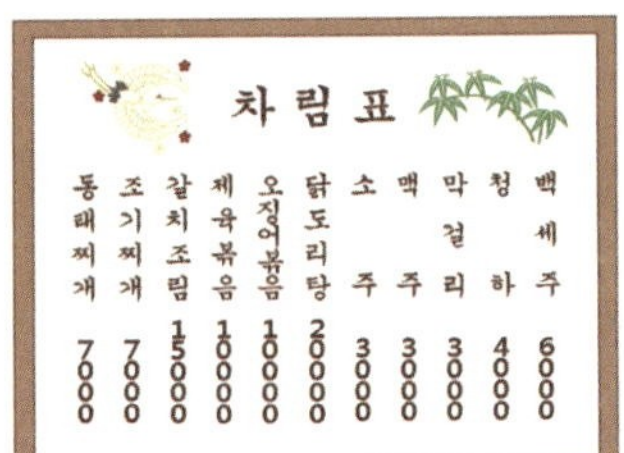

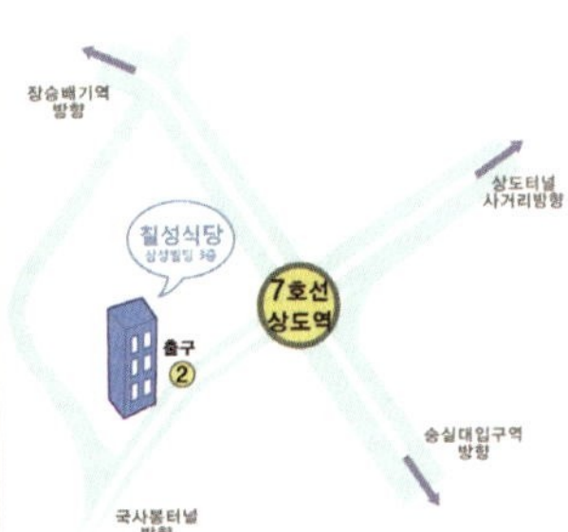

※ 다음을 읽고 400~600자로 글을 쓰십시오.

여러분이 자주 가는 식당이나 가장 기억에 남는 식당은 어디입니까? 자주 가는 식당이나 가장 기억에 남는 식당을 소개해 보십시오.
단, 아래에 제시한 내용이 모두 포함되어야 합니다.

- 식당의 이름은 무엇입니까? 어디에 있습니까? 학교에서 어떻게 갑니까?
- 메뉴가 무엇이고 식당의 전체적인 분위기는 어떻습니까? 그 식당을 좋아하는 이유는 무엇입니까?
- 아쉬운 점은 어떤 것입니까? 다른 사람에게도 추천하겠습니까?

100

200

5과

전혀 살찌지 않았어요

- 다이어트를 해 본 경험이 있어요? -

배워 봅시다

과식	편식	후식	비만	부상	열풍
맨손체조	체중	몸무게	창피하다	흔하다	속상하다
빠지다	쓰러지다	조절하다	늘다	도전하다	추천하다

연습

1. 다음 빈칸에 알맞은 단어를 쓰십시오.

(1) 몸무게가 많이 (　　　　　　) 다이어트를 해야 해요.

(2) 더운 날에 운동을 많이 하면 (　　　　　　) 수 있으니까 조심하세요.

(3) 어제 사람이 많은 장소에서 넘어졌어요. 그래서 많이 (　　　　　　).

(4) 열심히 준비했는데 지난주 문법 시험 성적이 좋지 않아서 매우 (　　　　　　).

2. 다음 설명에 맞는 단어를 쓰십시오.

(1) 음식을 많이 먹는 것 (　　　　　　)

(2) 몸에 상처가 나거나 다치는 것 (　　　　　　)

(3) 자기가 좋아하는 음식만 먹는 것 (　　　　　　)

(4) 식사 후에 먹는 과일이나 아이스크림과 같은 간단한 음식 (　　　　　　)

3. 다음 단어와 뜻이 반대되는 단어를 연결하십시오.

(1) 늘다 • 　　　　• (살이) 빠지다

(2) (살이) 찌다 • 　　　　• 줄다

(3) 흔하다 • 　　　　• 드물다

(4) 쓰러지다 • 　　　　• 일어나다

4. 아래 (　　) 안에 공통으로 들어갈 단어를 쓰십시오.

(1) (　　　　　　/　　　　　　)이/가 늘다 / 줄다

(2) (　　　　　　/　　　　　　)을/를 조절하다 / 재다

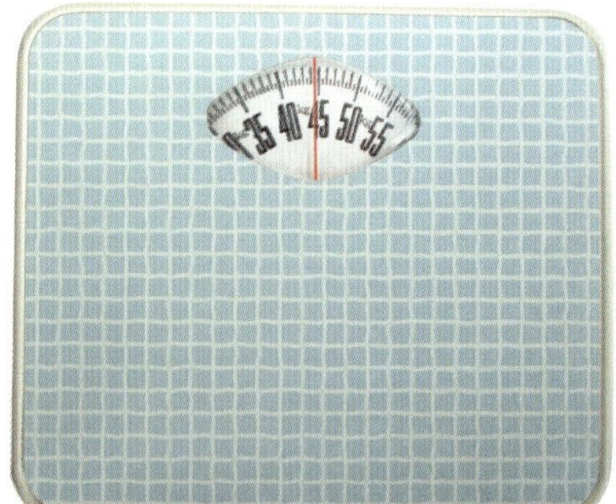

N당하다

가: 무슨 일이 있어요?
나: 친구가 제 비밀을 다 말했어요. 친구에게 배신당했어요.

가: 왕명 씨, 기분이 안 좋아 보여요.
나: 오늘 아침 진나 씨에게 데이트 신청을 했는데 거절당했어요.

가: 진나 씨, 화나셨어요? 왜 그러세요?
나: 인사를 했는데 친구가 대답하지 않았어요. 무시당한 기분이 들었어요.

연습

(1) 가: 어디를 그렇게 바쁘게 가세요?

나: 초등학교 친구가 어제 축구하다가 ______________. 그래서 지금 병원에 가요.

(2) 그 직원은 일을 잘 못해서 그 회사의 사장에게 ______________.

(3) 횡단보도로 건너지 않으면 ______________ 수 있으니까 조심해야 해요.

(4) 어제 친구에게 힘든 일을 얘기했는데 친구는 제 얘기를 듣지 않았어요..

저는 ______________ 기분이 들었어요.

부상 사고 무시 해고

-이/히/리/기-

여기에서 남산을 보아요.	⇨ 이 호텔에서는 남산이 잘 보여요.
전화번호를 바꾸었어요.	⇨ 전화번호가 바뀌었어요.
큰 물고기가 작은 물고기를 먹었어요.	⇨ 작은 물고기가 큰 물고기에게 먹혔어요.
고양이가 쥐를 잡았어요.	⇨ 쥐가 고양이에게 잡혔어요.
옷을 팔아요.	⇨ 이 옷이 잘 팔려요.
방에서 노래를 들어요.	⇨ 밖에서 시끄러운 소리가 들려요.
경찰이 도둑을 쫓았어요.	⇨ 도둑이 경찰에게 쫓겼어요.
전화를 끊었어요.	⇨ 전화가 갑자기 끊겼어요.

-이-	-히-	-리-	-기-
바꾸다 – 바뀌다	막다 – 막히다	팔다 – 팔리다	끊다 – 끊기다
보다 – 보이다	잡다 – 잡히다	걸다 – 걸리다	감다 – 감기다
놓다 – 놓이다	먹다 – 먹히다	열다 – 열리다	안다 – 안기다
쌓다 – 쌓이다	닫다 – 닫히다	듣다 – 들리다	쫓다 – 쫓기다
쓰다 – 쓰이다	묻다 – 묻히다	물다 – 물리다	찢다 – 찢기다
잠그다 – 잠기다	뽑다 – 뽑히다	풀다 – 풀리다	

연습

(1) 가: 경찰이 도둑을 잡았어요?

나: 아니요, 아직 도둑이 안 ______________________.

(2) 가: 요즘 잘 ______________________ 잡지가 뭐예요?

나: 이 패션 잡지가 잘 ______________________.

(3) 가: 왜 공부를 안 해요?

나: 밖에서 시끄러운 소리가 ______________________ 공부를 못하겠어요.

(4) 가: 저기 ______________________ 건물이 뭐예요?

나: 방송국이에요.

(5) 가: 문이 ______________________. 그래서 좀 춥네요.

나: 정말이네요. 잠깐만요. 제가 문을 다시 닫겠습니다.

(6) 가: 어제 왜 전화를 끊었어요?

나: 아니에요. 전화를 끊지 않았어요. 휴대 전화에 배터리가 없어서 ______________________.

열다	끊다	보다	잡다	듣다	팔다

V-(으)ㄹ 뻔하다

가: 사거리에서 교통사고가 날 뻔했어요.
나: 그래요? 사고가 안 나서 정말 다행이네요.

가: 어제 늦게 사무실에 가서 서류 접수를 못할 뻔했어요.
나: 저는 늦게 가서 접수를 못 했어요.

가: 너무 서둘러서 버스에 가방을 놓고 내릴 뻔했어요.
나: 오늘이 시험인데, 정말 큰일 날 뻔했군요.

연습

(1) 가: 축구를 하다가 다리를 ______________________.

나: 큰일 날 뻔했군요.

(2) 가: 오늘 월요일이라 지하철이 많이 붐볐죠?

나: 네, 사람이 너무 많아서 못 ______________________.

(3) 아침에 늦게 일어나서 차를 ______________________.

(4) 오늘 아침에 버스를 타려고 뛰어가다가 ______________________.

(5) 어제 너무 화가 나서 친구와 ______________________.

싸우다	내리다	다치다	못 타다	넘어지다

V-고자

왕명 씨는 대학에 합격하고자 열심히 노력했습니다.

요즘 체중을 줄이고자 다이어트를 하고 있습니다.

그 사람은 부모님을 찾고자 노력했지만 아직 못 찾았습니다.

아이들에게 좋은 부모가 되고자 '우리 아이 사랑' 모임에 가입했습니다.

연습

(1) 교수님을 ______________ 학교에 왔습니다.

(2) 줄리아 씨는 대학에 ______________ 한국에 왔습니다.

(3) 그 사람은 10분 후에 ______________ 준비하고 있습니다.

(4) 성주 씨는 이번 시험에 1등을 ______________ 열심히 공부하고 있습니다.

(5) 어머니께서 편찮으셔서 고향에 ______________ 비행기 표를 예매했습니다.

가다	하다	뵙다	떠나다	입학하다

대화해 봅시다

제인 토니 씨, 저 어때요? 살이 좀 찐 것 같지요?

토니 아니요, 전혀 살찌지 않았어요.

제인 하지만 요즘 체중이 많이 늘어서 정말 속상해요. 이제부터 운동을 좀 해야겠어요. 그런데 무슨 운동이 좋은지 잘 모르겠어요. 토니 씨, 저한테 추천해 줄 운동이 있어요?

토니 글쎄요. 갑자기 운동을 너무 많이 하면 부상당할 수 있어요. 그러니까 맨손체조나 줄넘기 같은 가벼운 운동부터 시작하는 것이 좋을 거예요.

제인 좋아요. 그럼 내일부터 줄넘기 500개에 도전하겠어요.

토니 그렇게 처음부터 많이 하면 다칠 수도 있으니까, 일단 조금만 하는 게 좋아요. 저도 줄넘기를 하다가 발목을 다칠 뻔한 적이 있어요. 그리고 줄넘기하기 전에 반드시 준비운동을 하지 않으면 안 돼요.

제인 네, 알았어요. 그럼 우선 100개만 할게요.

토니 그래요. 운동을 열심히 해서 날씬해지세요.

1. 토니는 제인 씨에게 무슨 운동을 추천했습니까?

2. 제인이 속상한 이유는 무엇입니까?

3. 가벼운 운동부터 시작해야 하는 이유는 무엇입니까?

>>> 여러분이 추천하고 싶은 가벼운 운동이 있습니까?

들어 봅시다

여러분은 다이어트를 해 본 적이 있습니까? 어떤 다이어트를 해 봤습니까?

I 다음을 듣고 질문에 답하십시오.

1. 들은 내용과 같은 것은 무엇입니까?

① 성주는 다이어트를 싫어한다.

② 사오리는 다이어트를 하고 있다.

③ 남자들은 다이어트를 하지 않는다.

④ 요즘 한국에는 다이어트가 유행이다.

2. 남자들이 다이어트를 하는 이유는 무엇입니까?

⇨ (   )이/가 되면 (   )에 걸리기가 쉽기 때문에

3. 다음 중 성주의 생각이 아닌 것은 무엇입니까?

① 비만은 건강에 매우 좋지 않다.

② 사오리 씨의 친구들은 날씬할 것 같다.

③ 사오리 씨도 빨리 다이어트를 시작해야 한다.

④ 친구들 중에는 다이어트를 하고 있는 사람이 많다.

4. 바나나 다이어트의 좋은 점을 쓰십시오.

(   )

>>> 여러분은 다이어트를 하려고 마음을 먹은 적이 있습니까?
만약 있다면, 그 이유는 무엇입니까?

Ⅱ 왕명과 진나의 대화를 듣고 질문에 답하십시오.

1. 진나는 왜 다이어트를 하려고 합니까?

① 많이 먹어서

② 예뻐지고 싶어서

③ 왕명 씨가 좋아서

④ 운동을 더 하고 싶어서

2. 들은 내용과 다른 것은 무엇입니까?

① 운동은 적당히 해야 한다.

② 진나는 살이 쪄서 걱정하고 있다.

③ 진나는 요가 학원에 매일 나간다.

④ 다이어트를 심하게 하면 건강이 안 좋아진다.

3. 왕명 씨는 다이어트 실패의 원인을 무엇이라고 생각합니까?

(   )

>>> 여러분은 다이어트를 실패한 적이 있습니까?
무엇 때문에 실패했습니까?

말해 봅시다

I 다음 단어는 피동사가 있는 동사입니다. 이 단어를 사용해서 피동사를 만드는 게임을 해 보십시오.

쌓다	닫다	찢다	보다	안다	막다
묻다	물다	걸다	풀다	팔다	쫓다
잡다	감다	뽑다	끊다	듣다	쓰다
바꾸다	잠그다				

보기

잡다	능동: 고양이 / 쥐 / 잡다 ⇒ 고양이가 쥐를 잡았어요.
	피동: 쥐 / 고양이 / 잡다 ⇒ 쥐가 고양이에게 잡혔어요.

〈학생 가〉

잡다	능동: 고양이 / 쥐 / 잡다
	피동: 쥐 / 고양이 / 잡다
쫓다	능동: 경찰 / 도둑 / 쫓다
	피동: 도둑 / 경찰 / 쫓다
듣다	능동: 이어폰 / 음악 / 듣다
	피동: 밖 / 음악 / 듣다
끊다	능동: 전화 / 끊다
	피동: 전화 / 끊다
물다	능동: 모기 / 아기 / 물다
	피동: 아기 / 모기 / 물다

〈학생 나〉

팔다	능동: 과일 / 많이 / 팔다
	피동: 과일 / 많이 / 팔다
찢다	능동: 동생 / 내 공책 / 찢다
	피동: 내 공책 / 찢다
풀다	능동: 스트레스 / 풀다
	피동: 스트레스 / 풀다
걸다	능동: 옷장 / 옷 / 걸다
	피동: 옷장 / 옷 / 걸다
묻다	능동: 땅 / 쓰레기 / 묻다
	피동: 보석 / 땅 / 묻다

II 여러분은 다이어트를 해 본 경험이 있습니까? 친구들과 다이어트에 대해서 이야기해 보십시오.

(1) 여러분은 어떤 방법으로 다이어트를 해 봤습니까? 효과가 있었습니까?

(2) 여러분은 다이어트에 대해서 어떻게 생각합니까?

찬성	반대
•	•
•	•
•	•

(3) 효과적인 다이어트 방법으로 무엇이 있는지 말해 보십시오.

1	식사할 때 천천히 먹는다.
2	간식을 먹지 않는다.
3	
4	

읽어 봅시다

I 다음을 읽고 질문에 답하십시오.

많은 사람들이 살을 빼는 방법으로 단식을 선택한다. 단식은 빠른 시간 안에 살을 뺄 수 있는 가장 쉬운 방법이기 때문이다. 단식을 하면 위의 부담이 줄고 몸속의 나쁜 것들이 몸 밖으로 나가서 식사 습관이 좋지 않거나 소화 기능이 좋지 않은 사람에게는 도움이 된다.

그러나 단식은 가장 빨리 살을 빼는 방법이기도 하지만 가장 빨리 살이 찌는 원인이 되기도 한다. 단식 후에 음식을 먹으면 단식을 하기 전보다 살이 더 찔 수도 있고 머리카락이 빠지거나 몸이 약해질 수도 있다.

단식을 하려면 몇 가지 지켜야 할 것이 있다. 단식은 오랫동안 하면 안 되고 2~3일 정도가 좋다. 그리고 피곤하거나 병이 있는 사람은 단식을 하지 않는 것이 좋다. 단식을 하려면 먼저 의사와 상담을 한 후에 시작하는 것이 좋고 단식을 할 때는 바로 굶는 것이 아니라 준비 단계가 있어야 한다.

단식 / 부담 / 소화 기능 / 상담 / 굶다

1. 많은 사람들이 단식을 선택하는 이유는 무엇입니까?

( )

2. 단식의 단점이 아닌 것은 무엇입니까?

① 몸이 약해질 수도 있다.　② 머리카락이 빠질 수도 있다.

③ 몸에서 나쁜 것들이 빠져 나간다.　④ 단식 후에 체중이 더 늘 수도 있다.

3. 단식을 할 때 주의해야 할 점이 무엇인지 쓰십시오.

(1)

(2)

(3)

Ⅱ 다음을 읽고 질문에 답하십시오.

사오리 씨에게

사오리 씨, 안녕하세요. 제가 일본을 떠날 때는 봄이었는데, 벌써 겨울이 되었네요. 지금 일본은 따뜻하지요? 여기 한국은 너무 추워요. 사오리 씨는 제가 실외 운동을 좋아하는 것을 알고 계시죠? 야구나 축구 같은 운동이요. 그런데 이곳은 너무 추워서 실외에서 운동하는 것은 ㉠ 꿈도 꾸지 못해요.

그래서 저는 얼마 전부터 실내 운동을 시작했어요. 처음에는 헬스장에 다녔는데 헬스처럼 혼자서 하는 운동은 저에게 맞지 않아서 재미가 없었어요. 저는 어떤 운동을 할까 고민하다가 탁구를 하기로 결심했어요.

저는 우리 학교의 탁구 동아리에 가입했어요. 동아리 선배들이 저에게 탁구를 가르쳐 줬어요. 탁구는 간단해 보이지만 그렇게 단순한 운동이 아니에요. 작은 공을 치려면 집중력이 많이 필요해요. 또 눈과 손을 항상 움직이고 있어야 하기 때문에 뇌의 노화 예방에도 좋고 운동량이 많아서 살도 뺄 수 있어요. 그리고 탁구는 친구들과 함께 할 수도 있어서 좋아요. 탁구를 하면 건강과 우정을 함께 얻을 수 있으니까 ㉡일석이조예요.

사오리 씨도 탁구를 한번 해 보는 게 어때요? 나중에 저랑 같이 탁구를 해 봐요. 그럼 안녕히 계세요.

1월 12일

마사키 씀

실외 / 실내 / 단순하다 / 집중력 / 뇌 / 노화 / 예방 / 우정 / 일석이조

1. 마사키 씨는 왜 실내 운동을 시작했습니까?

(   )

2. 다음 중 탁구의 장점이 아닌 것은 무엇입니까?

① 다이어트 효과가 있다.

② 키 크는 데 도움이 된다.

③ 뇌의 노화 예방에 효과가 있다.

④ 집중력을 높이는 데 도움이 된다.

3. 윗글의 '㉠꿈도 꾸지 못해요'의 뜻으로 맞는 것은 무엇입니까?

① 꿈이 아니에요.

② 어쩔 수 없어요.

③ 충분히 할 수 있어요.

④ 절대로 할 수 없어요.

4. 탁구의 효과와 그 효과의 이유를 연결해 보십시오.

〈운동 효과〉	〈이유〉
(1) 뇌의 노화 예방에 좋다 •	• 작은 공을 치기 때문에
(2) 집중력을 높인다 •	• 손과 눈을 항상 움직이기 때문에
(3) 살을 빼는 데에 좋다 •	• 많이 움직이기 때문에

5. 위 글에서 '㉡일석이조'라는 말을 쓴 이유는 무엇입니까?

⇨ 탁구를 하면 (   )와/과 (   )을/를 동시에 얻을 수 있기 때문이다.

써 봅시다

다음 그래프는 20대와 30대 남녀 200명을 대상으로 건강 관리법에 대해 조사를 한 결과입니다. 그래프를 보고 그 결과를 이야기해 보십시오.

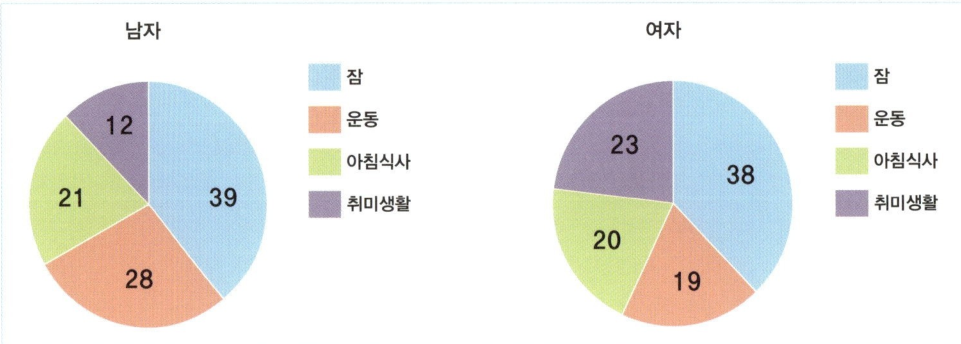

단위: %

20대와 30대 남녀 200명을 대상으로 ______________ 에 대해 조사를 실시하였다. 그 결과는 다음과 같다. 남자의 경우 건강 관리법으로 __________ 이/가 ______ %로 가장 높았다. 그다음으로 __________ 이/가 ______ %, __________ 이/가 ______ %, __________ 이/가 ______ %로 나타났다. 여자의 경우에도 __________ 이/가 ______ %로 가장 높게 나타났다. 그 뒤로 __________ 이/가 ______ %, __________ 이/가 ______ %, __________ 이/가 ______ % 순이었다. 조사 결과 ______________ 다는 것을 알 수 있었다.

※ 다음을 읽고 200~300자로 글을 쓰십시오.

다음 그래프는 20대와 30대 남녀 200명을 대상으로 건강 관리법에 대해 조사를 한 결과입니다. 그래프를 보고 그 결과를 쓰십시오 .

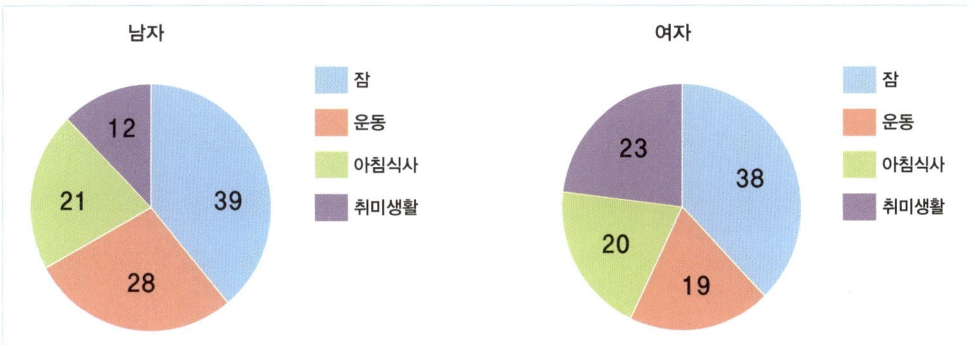

단위: %

300

6과

여기가 청계천이야

– 청계천에 가 본 적이 있어요? –

배워 봅시다

공사	도시 계획	냇가	시냇물	면적	성과
상가	문화유산	하수도	솜씨	놀랍다	끊임없이
화창하다	미혼 / 기혼				

연습

1. 다음 빈칸에 알맞은 단어를 쓰십시오.

(1) 그 사람은 (　　　　　　) 노력해서 성공했다.

(2) 무슨 일이든지 열심히 하면 (　　　　　　)이/가 있을 것이다.

(3) 동대문은 의류 (　　　　　　)이/가 있어서 옷을 사기가 참 편합니다.

(4) 경복궁, 덕수궁, 남대문 등 우리의 (　　　　　　)을/를 잘 지켜야 합니다.

(5) 그 사람은 (　　　　　　) 실력을 가지고 있어서 모든 사람들이 그 솜씨에 감탄했습니다.

2. 다음 단어와 뜻이 반대인 단어를 연결해 보십시오.

(1) 화창하다 • 　　　　• 하수도

(2) 상수도 • 　　　　• 흐리다

3. 다음 단어와 뜻이 비슷한 단어를 연결해 보십시오.

(1) 끊임없이 • 　　　　• 계속해서

(2) 솜씨 • 　　　　• 넓이

(3) 면적 • 　　　　• 기술

4. 알맞은 단어를 고르십시오.

(1) 날씨가 (화려해서 / 화창해서) 산책을 했어요.

(2) 어릴 때 친구들과 (냇가 / 하수도)에서 물고기도 잡고 물놀이도 했어요.

5. 다음 빈칸에 알맞은 단어를 찾아 쓰십시오.

말없이	변함없이	끊임없이

(1) 그 사람은 (   ) 나를 떠났습니다.

(2) 어제부터 (   ) 비가 오고 있습니다.

(3) 제 남자 친구는 늘 (   ) 나를 사랑합니다.

A/V-아/어 // N(이)야

···› 응, 아니, 그래

성　주: 아버지, 어디 편찮으세요?
아버지: 허리를 좀 다친 것 같아, 성주야. 병원에 가야겠어.

성　주: 어머니, 기분 좋은 일이 있어요?
어머니: 응, 네 아버지가 오늘 엄마에게 결혼기념일 선물을 주셨어.

성　주: 선생님, 여기가 청계천이에요?
선생님: 그래, 여기가 바로 청계천이야.

연습

(1) 성　주: 아버지, 여기가 어디예요?

아버지: ______________________.

(2) 성　주: 삼촌, 어제 소개팅한 여자 어땠어요?

삼　촌: 아주 ______________________.

(3) 성　주: 어머니, 왜 그러세요? 어디 아프세요?

어머니: 아니, 그냥 ______________________.

(4) 성　주: 선생님, 방학 즐겁게 보내셨어요?

선생님: 응, 즐겁게 ______________________.

(5) 성　주: 어머니, 제가 떡볶이를 사 왔어요.

어머니: 우리 아들 정말 ______________________.

경복궁　　보내다　　고맙다　　마음에 들다　　기분이 안 좋다

A/V-니/냐? // N(이)니/냐?

⋯→ A/V-아/어? N(이)야?

어머니: 성주야, 어디 아프니? 왜 안 일어나니?
성　주: 어머니, 저 감기에 걸린 것 같아요. 열이 많이 나요.

유　미: 마이클, 지금 어디 가니?
마이클: 아, 영화 보러 종로에 가고 있어.

왕　명: 야, 휴일인데 뭐하냐?
성　주: 그냥 쉬고 있어.

유　미: 마이클, 점심 먹었니?
마이클: 아니, 아직 안 먹었어.

연습

(1) 가: 밥 ________________?

나: 시간이 없어서 못 먹었어.

(2) 가: 유미야, ________________?

나: 네, 엄마. 다 했어요.

(3) 가: 제인, 여기가 ________________?

나: 아니야, 저쪽으로 5분 정도 더 걸어가야 돼.

(4) 가: 왕명, 어제 그 영화 ________________?

나: 아니. 매진이라서 못 했어.

(5) 가: 사오리, 어제 왜 ________________?

나: 죄송해요, 선생님. 어제 배가 너무 아파서 병원에 갔어요.

동대문 시장　　먹다　　숙제하다　　결석하다　　예매하다

V-자 // V-지 말자

사오리: 우리 지금 연극 보러 대학로에 갈까?
마사키: 야, 우리 그냥 영화 보러 가자.

유 미: 내일은 문화체험 가는 날이야. 문화체험에 가서 우리 즐겁게 놀자.
성 주: 와, 정말 재미있겠다.

왕 명: 진나야, 날씨도 좋은데 산책하자.
진 나: 피곤해. 산책하지 말자.

연습

(1) 가: 시간이 많이 남았는데 뭘 할까?

나: 같이 명동에 가서 ______________________.

(2) 가: 왕명, 내일 진나하고 같이 ______________________.

나: 그래, 좋아. 어디에 가서 놀까?

(3) 가: 오늘 날씨가 참 좋네.

나: 정말 그래. 우리 밖에 나가서 좀 ______________________.

(4) 가: 시험에 떨어졌어. 정말 우울해.

나: 괜찮아, 힘을 내. 나랑 같이 코미디 영화 보러 ______________________.

(5) 가: 이렇게 놀기만 하면 시험에 떨어질 거야. 이제부터 ______________________.

나: 그래, 오늘부터 진짜 열심히 ______________________.

놀다 　 가다 　 걷다 　 쇼핑하다 　 공부하다

V-아/어(라) // V-지 마(라)

···› V-아/어

선생님: 얘들아, 시끄러워. 이제 그만 떠들고 좀 조용히 해라.
학생들: 네, 알겠습니다.

토　니: 시간이 많이 늦었어.
유　미: 진짜 그렇구나. 빨리 집에 가.

왕　명: 마이클, 담배 좀 피우지 마라.
마이클: 알았어. 미안해.

연습

(1) 가: 엄마, 이 꽃병을 어디에 놓을까요?

나: 저기에 ____________________.

(2) 가: 건강이 많이 안 좋아진 것 같아.

나: 그러니까 이제 담배 좀 ____________________.

(3) 가: 토니야, 밥 다 됐으니까 빨리 ____________________.

나: 네, 어머니. 알았어요. 지금 가요.

(4) 가: 엄마, 지금 몇 시예요?

나: 벌써 8시 40분이야. ____________________. 학교에 늦겠어.

(5) 가: 내일 성주 생일인데 옷을 살까, 구두를 살까?

나: 그냥 구두를 ____________________. 옷은 내가 벌써 샀으니까.

끊다　　놓다　　오다　　사다　　서두르다

대화해 봅시다

유미 왕명, 여기가 황학동 벼룩시장이야.

왕명 와아! 참 다양한 물건들이 있구나! 그리고 정말 복잡하네.

유미 그렇지? 정말 없는 게 없어.

왕명 진짜? 그럼 혹시 중국 물건이나 중국책도 있을까?

유미 그럼, 당연하지. 우리 조금만 더 걸어가 보자.

왕명 그래, 저쪽에 재미있는 게 많을 것 같아. 저기로 가 보자.

(유미와 왕명은 함께 황학동 벼룩시장을 걷는다.)

왕명 와, 물건이 아주 많네! 그런데 이 신발은 뭐지? 처음 보는 거야.

유미 아 그건 '고무신'이라고 해. 옛날에 우리 할아버지와 할머니들은 이런 신발을 신으셨어. 저기 나무로 만든 건 '지게'라고 하는 것인데, 옛날 할아버지들은 지게로 물건을 옮겼어.

왕명 그러고 보니 여기 황학동 벼룩시장은 옛날 물건을 파는 곳이구나.

유미 응, 맞아. 벼룩시장은 옛날 물건과 중고품을 파는 시장이야.

왕명 유미 덕분에 오늘 좋은 구경을 하네. 정말 고마워.

유미 저쪽에 헌책방도 많아. 너는 책에 관심이 많으니까 헌책방에 한번 가 보자.

왕명 그래, 좋아.

1. 벼룩시장은 어떤 곳입니까?

2. 여러분 나라에서 벼룩시장에 가 본 적이 있습니까?

3. 여러분이 황학동 벼룩시장에 간다면 어떤 물건을 사고 싶습니까?

들어 봅시다

>>> 여러분은 한국에서 지하철이나 버스를 잘못 타거나 내린 적이 있었습니까?

I 다음을 듣고 질문에 답하십시오.

1. 마이클이 유미에게 전화를 한 이유는 무엇입니까?

   ① 길을 못 찾아서

   ② 유미가 약속 시간에 늦어서

   ③ 시청역이 어디에 있는지 몰라서

   ④ 약속 시간에 좀 늦을 것 같아서

2. 마이클은 어떤 실수를 했습니까? 빈칸에 알맞은 단어를 써 보십시오.

   ⇨ (　　　　　　)역을 가야 하는데 (　　　　　　)역으로 갔다.

3. 들은 내용으로 알 수 없는 것은 무엇입니까?

   ① 마이클은 역을 잘못 내렸다.

   ② 마이클은 다시 지하철을 탈 것이다.

   ③ 마이클은 지나가는 사람에게 길을 물어봤다.

   ④ 마이클은 유미와 시청역에서 만나기로 했다.

4. 대화가 끝난 뒤 마이클이 할 행동으로 알맞은 것은 무엇입니까?

   ① 계속 걸어간다.

   ② 유미를 부른다.

   ③ 지하철 2호선을 다시 탄다.

   ④ 지나가는 사람에게 다시 물어본다.

>>> 여러분은 한국에서 길을 잃어 본 적이 있습니까? 자기의 경험을 이야기해 보십시오.

>>> 여러분은 청계천을 어떤 곳이라고 생각합니까? 누구와 가보고 싶습니까?

Ⅱ 다음을 듣고 질문에 답하십시오.

1. 청계천은 예전에 무엇으로 쓰였습니까?

⇨ 더러운 물을 버리는 (   )(으)로 쓰였다.

2. 성주는 청계천에 다녀온 후 청계천에 대해 어떻게 생각했습니까?

① 아주 더럽다.
② 깨끗하고 식물이 많다.
③ 주변 청소를 해야 한다.
④ 하수도로 쓰여서 냄새가 난다.

3. 정부는 2003년에 무엇을 했습니까?

① 청계천에 하수도를 설치했다.
② 청계천에서 동물들을 키웠다.
③ 음식물 쓰레기를 청계천에 버렸다.
④ 청계천을 깨끗하게 만드는 공사를 시작했다.

4. 대화가 끝난 후에 성주는 어떤 행동을 할 것 같습니까?

① 청계천에 다시 가 본다.
② 서울 시청에 전화를 한다.
③ 청계천에 대해 인터넷으로 검색한다.
④ 청계천에 대해 다른 사람에게 물어본다.

>>> 여러분 고향에 있는 현대적 명소를 한번 소개해 보십시오.

말해 봅시다

I 여러분은 아랫사람이나 친구에게 어떻게 말을 합니까? 'A/V-아/어, A/V-니/냐?, V-자 // V-지 말자, V-아/어(라) // V-지 마(라)'를 넣어 다음 상황에서의 대화를 반말로 짝과 함께 해 보십시오.

엄마와 아들/딸 – 이성 친구 소개

아들/딸 엄마, 사실 저 요즘 만나는 사람이 있어요.
엄 마 그래? 그 사람은 몇 살이니?
아들/딸 ________________.
엄 마 ________________.
아들/딸 ________________.
엄 마 ________________.

선생님과 초등학생 – 학생이 결석했을 때

선생님 어제 왜 안 나왔어?
학 생 ________________.
선생님 ________________?
학 생 ________________.
선생님 ________________?
학 생 ________________.

친구 사이 – 주말에 만날 약속을 할 때

가: 내일 주말인데 뭐 할까?
나: ________________.
가: ________________?
나: ________________.
가: ________________?
나: ________________.

Ⅱ 여러분은 서울에서 어디에 가 봤습니까? 가 본 곳을 짝과 함께 반말로 이야기해 보십시오. 그리고 이번 주말에 친구들과 가 보고 싶은 곳이 어디인지 이야기해 보십시오.

경복궁

동대문 시장

여의도

명동

인사동

남산

보기 <인사동>

왕명 제인, 이번 주말에 어디에 갈까?

제인 음……, 인사동에 가는 게 어때?

왕명 인사동은 어떤 곳이야?

제인 인사동은 서울의 관광 명소야. 볼거리도 많고, 한국의 전통 물건도 많이 팔아.

왕명 그렇구나. 어머니 선물로 한국 전통 기념품을 사고 싶었는데 잘됐다. 이번 주말에 같이 가자.

꽃구경 / 산책 / 쇼핑 / 자전거 타기 / 커피숍 / 궁궐 / 벚꽃 축제 / 63시티

물건 가격이 싸다 / 주변에 맛있는 음식을 먹을 수 있는 곳이 많다 /
한국 문화를 알 수 있다 / 공연을 볼 수 있다 / 전자제품을 싸게 살 수 있다

읽어 봅시다

Ⅰ 다음은 청계천에 대한 글입니다. 읽고 질문에 답하십시오.

청계천의 다리와 명소

청계천에는 22개의 다리와 많은 명소가 있다. 청계천의 입구에는 '모전교'가 있다. 모전교는 청계천의 대표적인 다리이다. 옛날에는 과일을 파는 가게를 '모전'이라고 불렀는데, 이 다리가 바로 모전 주위에 있었기 때문에 '모전교'라고 했다.

'광통교'는 청계천의 다리 가운데 가장 크다. 옛날에 이곳 근처에는 닭과 계란을 파는 가게, 보석을 파는 가게, 생필품을 파는 가게 등 많은 상점이 있었다.

'소망의 벽'은 청계천에서 가장 유명한 곳이다. 이것은 전국 20,000여 명의 시민이 참여하여 그들의 소망을 직접 쓴 아주 긴 벽이다.

'터널 분수'는 5m 높이의 벽 위에서 나온 물이 조명과 함께 화려한 터널을 만들면서 시냇물로 떨어진다. 밤에 보면 더 아름답다.

이 밖에도 청계천에는 명소가 많다. 꼭 찾아보기를 권한다.

소망의 벽

터널 분수

보석 / 생필품 / 소망 / 참여하다 / 터널 / 명소 / 권하다

1. '모전교'라는 이름이 붙은 이유는 무엇입니까? 써 보십시오.

(   )

2. 다음 중 청계천 명소와 관련된 내용이 아닌 것은 무엇입니까?

① 모전교에서는 지금도 과일을 판다.

② 터널 분수는 밤에 보면 더 아름답다.

③ 광통교는 청계천에서 가장 큰 다리이다.

④ 전국 20,000여 명의 시민이 소망을 적은 벽이 있다.

3. 터널 분수에 대한 설명으로 바른 것은 무엇입니까?

① 밤에는 잘 안 보인다.

② 위로 올라오는 분수이다.

③ 다리 위에 설치되어 있다.

④ 시냇물 쪽으로 떨어지는 분수이다.

4. 여러분은 '소망의 벽'에 어떠한 소원을 쓰고 싶습니까? 써 보십시오.

(   )

모전교

광통교

Ⅱ 다음은 '청혼의 벽'에 대한 기사문입니다. 읽고 질문에 답하십시오.

청혼의 벽

청계천 두물다리의 환상적인 야경 한가운데서 청혼을 하는 연인.

아름다운 음악이 들리고 젊은 두 사람의 추억이 있는 영상이 나온다. 깜짝 청혼을 받은 여자 친구가 그 청혼을 받아들이고, 남자 친구는 기쁨의 환호성을 지른다.

이 순간은 그들의 인생에서 가장 떨리는 순간이다. 주변에서 산책을 즐기는 사람들도 박수를 치면서 이들의 예쁜 사랑을 축복한다. 이 장면은 서울 청계천 '두물다리' 밑에 있는 청혼의 벽에서 자주 볼 수 있다.

'청혼의 벽'은 2008년에 설치되어 2017년까지 1,300명의 사람들이 청혼을 했다. 연인, 노인 부부, 외국인 관광객 등 많은 사람들이 '청혼의 벽'에서 청혼을 했다.

청혼의 벽은 미혼자나 기혼자 상관없이 모든 내·외국인이 매주 수~토요일 오후 6시부터 오후 10시 사이에 20분 정도 이용할 수 있다. 미리 홈페이지(www.sisul.or.kr)에 신청만 하면 무료로 이용할 수 있다.

청혼의 벽

환상적 / 야경 / 깜짝 / 청혼 / 환호성 / 지르다 / 순간 / 축복하다 / 연인

1. '청혼의 벽'은 어디에서 무엇을 하는 곳입니까? 써 보십시오.

⇨ (   ) 밑에서 (   )을/를 하는 곳

2. 윗글의 내용과 다른 것은 무엇입니까?

① 한국인만 신청할 수 있다.

② 돈이 없어도 이용할 수 있다.

③ 기혼자도 미리 신청만 하면 이용할 수 있다.

④ 매주 수요일에서 토요일 오후에 이용할 수 있다.

3. 여러분이 청혼의 벽에서 청혼을 하고 싶습니다. 그럼 어떻게 해야 합니까? 써 보십시오.

(   )

4. 다음은 윗글에 나온 단어입니다. 빈칸에 알맞은 단어를 써 넣으십시오.

축복	환호성을 지르다

(1) 우리 축구 팀이 이겨서 많은 관중들이 (   ).

(2) 많은 사람들의 (   ) 속에서 약혼식을 했어요.

써 봅시다

여러분이 다녀온 한국/고향의 명소는 어디입니까?

같이 간 사람

위치

언제

명소의 좋은 점

느낌

명소

처음	
중간	
끝	

제주도	부산	경복궁	남산

※ 다음을 읽고 400~600자로 글을 쓰십시오.

여러분이 다녀온 한국/고향의 명소는 어디입니까? 그 명소는 어디이며, 친구에게 추천해 주고 싶은 이유를 쓰십시오. 단, 아래에 제시한 내용이 모두 포함되어야 합니다.

- 여러분이 다녀온 한국/고향의 명소는 어디입니까?
- 그 명소는 어디에 있고, 언제, 누구와 갔습니까? 그 명소의 어떤 점이 좋은지 소개해 보십시오.
- 그 명소에 갔을 때의 느낌을 쓰십시오.

100

200

300

400

500

600

700

7 과

산의 매력에 푹 빠질 거예요

- 여러분은 여행을 간다면 산으로 가고 싶어요?
바다로 가고 싶어요? -

배워 봅시다

계곡	등산로	산악회	삼림욕	약수터	정상
인내심	땀	폐	하체	초반 / 후반	각자
수도권	도시락	오르다	하산하다	문의하다	

연습

1. 다음 빈칸에 알맞은 단어를 쓰십시오.

(1) 주말에 설악산에 갔는데 올라갈 때 힘들었지만 (   )에서 본 경치가 아주 아름다웠다.

(2) 대학 입학에 대해 궁금하거나 모르는 것이 있으면 행정실에 (   )은/는 게 제일 좋은 방법이에요.

2. 다음 중 반대되는 말을 연결하십시오.

(1) 하체 •	• 후반
(2) 오르다 •	• 하산하다
(3) 초반 •	• 상체

3. 다음 중 알맞은 것을 연결하십시오.

(1) 인내심이 / 의지력이 / 자신감이 •	• 흐르다
(2) 바다에 / 사랑에 / 게임에 •	• 풀리다
(3) 땀이 / 눈물이 / 콧물이 / 코피가 •	• 빠지다
(4) 스트레스가 / 문제가 / 운동화 끈이 •	• 생기다

N스럽다

가: 성주야, 대학 합격을 축하해. 네가 자랑스러워.
나: 엄마, 고마워요. 더 열심히 공부할게요.

가: 유미야, 어제 그 드라마 봤어? 주인공이 연기를 아주 잘하지?
나: 응, 그 배우의 연기가 아주 자연스러워서 더 재미있는 것 같아.

가: 유미 씨, 왜 왕명 씨를 안 만나요?
나: 왕명 씨는 공부도 잘하고 성격도 좋고 키도 크고 아주 잘 생겼어요.
그런데 저랑 차이가 많이 나서 좀 부담스럽네요.

연습

(1) 가: 성주 씨, 오늘 왕명 씨가 회의 시간에 발표를 잘했어요?

나: 네, 모든 사람들이 ______________________ 했어요.

(2) 가: 유미 씨, 지금 뭐해요?

나: 아기를 보고 있어요. 아기가 잠자는 모습이 ______________________.

(3) 가: 입학 서류 문제로 교수님께 드릴 말씀이 있는데 어떻게 말해야 할지 모르겠어요.

나: 저도 교수님 앞에서 말할 때는 ______________________.

(4) 가: 일할 때 힘든 점이 있어요?

나: 밤늦게까지 일하고 열 시간 이상 서서 일을 하는 것이 ______________________.

(5) 가: 성주 씨, 어제 왕명 씨 동생을 봤어요?

나: 네, 왕명 씨보다 말이나 행동이 ______________________ 왕명 씨 형인 줄 알았어요.

조심 고통 어른 만족 사랑

A/V-(으)ㄴ/는 게 틀림없다 // N이/가 틀림없다

···› 틀림없이

토　니: 저 앞에 서 있는 사람이 여자인지 남자인지 모르겠어요.
성　주: 손을 보니 여자가 틀림없어요.

선생님: 학생들 모두 다 왔는데 왕명은 왜 아직 안 와요?
마이클: 새벽까지 공부했으니까 지금 기숙사에서 자는 게 틀림없어요.

마사키: 이번 대학교 입학시험에 합격할 수 있을까요? 걱정이에요.
줄리아: 지금까지 열심히 노력했으니까 틀림없이 합격할 거예요.

연습

(1) 가: 아까까지 괜찮았는데 유미 씨 표정이 왜 안 좋아요?

나: 기분 ______________ 이/가 있는 게 틀림없어요.

(2) 가: 유미 씨는 왜 이 재미있는 놀이기구를 하나도 안 타요?

나: 얼굴을 보니까 유미 씨는 타는 것이 ______________.

(3) 가: 성주 씨가 왜 아직 수업에 안 와요?

나: 전화를 해도 안 받는 것을 보니까 집에서 ______________.

(4) 가: 선생님, 제가 정말 합격했나요?

나: 여기 인터넷에서 확인할 수 있잖아. ______________ 이/가

______________.

(5) 가: 유미 씨가 우리와 같이 등산을 갈까요?

나: 그럼요, 지난번에 안 갔으니까 이번에는 ______________ 같이 갈 거예요.

합격　　나쁜 일　　자다　　무섭다　　틀림없이

A-다고 하다 // V-ㄴ/는다고 하다 // N(이)라고 하다

왕명: "내 여자 친구는 무척 예뻐요."
진나: 왕명의 여자 친구는 무척 예쁘다고 해요.

토니: "지금 식당에서 밥을 먹어요."
제인: 토니는 지금 식당에서 밥을 먹는다고 해요.

성주: "제 직업은 경찰이에요."
유미: 성주의 직업은 경찰이라고 해요.

연습

(1) 토　니: "지금 도서관에서 공부해요."

제　인: 토니는 지금 도서관에서 ______________________.

(2) 사오리: "이 가방은 제 것이 아니에요."

마사키: 이 가방은 사오리의 가방이 ______________________.

(3) 진　나: "지금 부모님께 이메일을 써요."

왕　명: 진나는 지금 부모님께 이메일을 ______________________.

(4) 유　미: "제 직업은 선생님이에요."

성　주: 유미의 직업은 ______________________.

(5) 왕　명: "주말에 부모님이 한국에 오셔서 기분이 좋아요."

성　주: 왕명은 이번 주말에 부모님이 한국에 오셔서 기분이 ______________________.

선생님　　쓰다　　좋다　　아니다　　공부하다

V-자고 하다 // V-지 말자고 하다

가: 저녁에 시간 있으면 같이 영화 볼까요?
나: 오늘은 안 돼요. 친구가 같이 저녁을 먹자고 했어요.

가: 회의 시간이 다 되었는데, 왜 아무도 안 왔어요?
나: 사장님께서 오늘은 회의를 하지 말자고 하셨어요.

가: 오늘 저녁에도 또 술 마실 거예요?
나: 저는 마시고 싶은데 친구가 술을 마시지 말자고 했어요.

연습

(1) 가: 오후에 친구를 만날 거라고 했지요?

나: 네, 그런데 너무 피곤해서 오늘은 ______________.

(2) 가: 추운데 누가 창문을 열었어요?

나: 유미 씨가 ______________. 음식 냄새가 많이 나서요.

(3) 가: 수업 끝나고 영화 보러 갈래요?

나: 미안해요. 친구가 이번 주에 시험이 있으니까 같이 ______________.

(4) 가: 오후에 약속 있어요?

나: 네, 친구가 명동에 ______________. 그래서 친구랑 명동에 갈 거예요.

(5) 가: 왜 여자 친구랑 같이 안 먹고 혼자 먹어요?

나: 제가 같이 ______________. 그런데 여자 친구가 일이 있어서 먼저 갔어요.

열다	가다	먹다	만나다	공부하다

대화해 봅시다

여러분은 산 정상을 오른 적이 있습니까? 기분이 어땠습니까?

성주 어때요, 왕명 씨? 이렇게 산 정상까지 오르니까 좋지요?

왕명 네, 정상까지 함께 가자고 한 성주 씨 말을 듣기를 정말 잘했네요.

성주 왕명 씨도 자주 등산을 해 보면 틀림없이 산의 매력에 푹 빠질 거예요.

왕명 그럴까요? 그런데 성주 씨는 언제부터 등산을 즐겼어요?

성주 5년 전에 눈 내린 설악산을 다녀온 후부터였어요.

왕명 그런데 사람들이 이렇게 많은 걸 보니 정말 등산은 '한국의 국민운동'이네요.

성주 맞아요. 등산로를 따라 걸으면서 바람소리, 새소리, 계곡의 물소리를 들으면 스트레스가 자연스럽게 풀려요.

왕명 그런데 저는 스트레스는 풀렸지만 등산이 처음이라서 다리가 아프네요.

성주 왕명 씨, 등산이 처음에는 힘들지만 나중에는 힘들지 않을 거예요. 건강을 위해서 한 달에 한 번씩 저랑 등산하는 게 어때요?

왕명 네, 좋아요.

1. 두 사람은 지금 어디에서 대화하고 있습니까?

2. 성주는 언제부터 등산을 좋아했습니까?

3. 한국 사람들이 등산을 좋아하는 것을 무엇이라고 표현했습니까?

4. 등산의 좋은 점은 무엇입니까?

들어 봅시다

한국에서 등산을 처음 가려고 합니다. 어떻게 해야 할까요?

I 다음을 듣고 질문에 답하십시오.

1. 들은 내용의 제목으로 알맞은 것은 무엇입니까?

   ① 친구 소개　　② 북한산 소개　　③ 산악회 소개　　④ 산악회장 소개

2. 다음 중 산악회에 가입할 수 있는 사람은 누구입니까?

   ① 서울 북부에 사는 39살의 결혼한 여자 회사원

   ② 경기 남부에 사는 32살의 결혼한 여자 선생님

   ③ 서울 북부에 사는 23살의 결혼 안 한 남자 경찰관

   ④ 경기 서부에 사는 29살의 결혼 안 한 남자 요리사

3. 들은 내용과 같은 것은 무엇입니까?

   ① 일요일에 주로 한라산에 오른다.

   ② 가입을 원하면 일요일 오전 9시 구파발역에 간다.

   ③ 산악회장의 전화번호는 010-3678-1234이다.

   ④ 처음 가는 사람은 도시락을 가지고 갈 필요가 없다.

>>> 등산을 하면 어떤 점이 좋을까요?

Ⅱ 다음을 듣고 질문에 답하십시오.

1. 들은 내용의 제목으로 알맞은 것은 무엇입니까?

① 등산과 자연　② 등산과 건강　③ 등산의 좋은 점　④ 주말 등산 계획

2. 남자들이 한 말과 다른 것은 무엇입니까?

① 산에 자주 가면 목욕을 안 해도 된다.

② 나무에서 건강에 좋은 물질이 나온다.

③ 등산을 하면 자연을 보호하는 마음이 생긴다.

④ 심장과 폐의 기능이 좋아지고 다리의 근육이 발달된다.

3. 여자들이 한 말과 같은 것은 무엇입니까?

① 어려운 일이 있어도 잘 참고 끝까지 할 수 있다.

② 피부가 좋아지지만 살을 빼는 데는 효과가 적다.

③ 혼자서 오랫동안 등산을 하면 우울증에 걸릴 수 있다.

④ 특히 등산하면서 마시는 커피나 주스가 건강에 제일 좋다.

>>> 혼자서 하는 산행과 단체로 하는 산행(산악회 가입)은 느낌이 어떻게 다른지 말해 보십시오.

말해 봅시다

I 다른 사람에게 들은 내용을 전달할 때 어떻게 말합니까? 게시판에서 '문화체험 변경 알림'을 읽고 'A-다고 하다 // V-ㄴ/는다고 하다 // N(이)라고 하다, V-자고 하다 // V-지 말자고 하다'를 사용해서 옆사람에게 전달해 보십시오.

보기

가: 문화체험 장소가 바뀌었다고 해요.
나: 그래요? 어디에 간다고 해요?
가: 민속촌에 간다고 해요.
나: 비용이 얼마라고 해요?
가: 무료라고 해요.

- 몇 시에 어디에서 모인다고 해요?
- 비용이 얼마라고 해요?
- 점심은 어떻게 한다고 해요?
- 어떻게 간다고 해요?
- 체험 후에 무엇을 한다고 해요?
- 그리고 선생님이 뭐라고 하셨어요?

(1)

문화체험 변경 알림

1. 일　　시: 7월 12일 (목) ⇨ 7월 13일 (금)
2. 장　　소: 롯데월드 ⇨ 민속촌
3. 참가 비용: 10,000원 ⇨ 무료
4. 집합 장소와 시간: 운동장, 아침 8시 10분
   - 운동장에서 버스를 탑시다.
   - 혼자 구경하지 말고 반별로 같이 체험합시다.
   - 선생님과 같이 도시락을 먹읍시다.
   - 체험 활동이 끝나고 단체 사진을 찍읍시다.

(2)

문화체험 변경 알림

1. 일　　시: 8월 16일 (목) ⇨ 8월 17일 (금)
2. 체험 활동: 청계천 세계 등 축제 ⇨ 난타 공연
3. 참가 비용: 무료 ⇨ 20,000원
4. 집합 장소와 시간: 난타 전용관 앞, 10시
   - 공연은 10시 30분부터 시작되니까 늦지 맙시다.
   - 극장에서는 혼자 앉지 말고 반별로 같이 앉읍시다.
   - 극장 안에는 음식을 가지고 들어가지 맙시다.
   - 공연 중에 사진을 찍지 맙시다.

Ⅱ 친구가 어느 계절에 등산을 하고 싶어 하고 그 이유가 무엇인지 물어보십시오. 그리고 다른 친구에게 들은 내용을 전달해 보십시오.

보기

유미 왕명 씨는 어느 계절에 등산을 하고 싶어요?
왕명 저는 봄에 등산을 하고 싶어요.
봄에는 여러 가지 꽃을 볼 수 있어서 좋아요. 그렇지만 날씨의 변화가 심해요.
……
제인 왕명 씨는 어느 계절에 등산을 하고 싶어 해요?
유미 왕명 씨는 봄에 등산을 하고 싶다고 해요. 봄에는 여러 가지 꽃을 볼 수 있어서 좋다고 해요. 그렇지만 날씨의 변화가 심하다고 해요.
……

봄 등산

- 여러 가지 꽃을 볼 수 있다.
- 날씨의 변화가 심하다.
- ____________________

여름 등산

- 소나기와 번개를 조심해야 한다.
- 계곡에서 물놀이를 할 수 있다.
- ____________________

가을 등산

- 날씨가 좋아서 등산하기가 아주 좋다.
- 단풍이 아름답다.
- ____________________

겨울 등산

- 눈꽃을 구경하고 스키를 탈 수 있다.
- 새해 해돋이를 볼 수 있다.
- ____________________

읽어 봅시다

여러분 나라 사람들은 등산을 좋아하는 편입니까?

I 다음을 읽고 질문에 답하십시오.

아래는 나이별, 성별, 시대별로 나눈 한국 등산객들의 통계 자료이다. 이것을 살펴보면 한국 사람들은 열 명 중에 넷 정도는 산을 즐기고 좋아한다는 것을 알 수 있다. 한국 사람들이 등산을 좋아하는 이유는 좁은 국토에 높고 낮은 산들이 많고, 등산을 하면 건강에도 좋고 아름다운 경치를 즐길 수 있기 때문이다.

시대 / 나이·성	2005년	현재
20대	25%	31.1%
30대	20%	41.7%
40대	11.1%	52.4%
50대 이상	15%	61.2%
여성	6.8%	32.8%
남성	16.6%	49.4%
전체	12%	40%

이처럼 등산은 건강에 좋아서 국민운동이 되어 가고 있지만 주의해야 할 점도 적지 않다. 첫째, 산에서는 소중한 자연을 보호하기 위해서 불을 사용하는 요리를 하면 안 된다. 도시락이나 간식을 준비해 가면 좋다. 둘째, 봉투를 준비해 가서 쓰레기를 담아 다시 가져오는 것이 좋다. 셋째, 등산을 하면서 공중화장실을 이용해야 한다. 아무 데서나 볼일을 보면 다른 등산객들에게 불쾌감을 준다. 넷째, 건강에 좋은 약수터를 이용할 때는 오르거나 내려올 때 자기가 마실 물만 가지고 가야 한다. 많은 사람들이 이용하는 곳이니까 혼자서만 큰 물통을 이용해서 너무 많은 약수를 가지고 가지 않아야 한다.

시대 / 통계 / 보호 / 담다 / 볼일을 보다 / 불쾌감

1. 한국 사람들이 등산을 즐기는 이유 두 가지를 쓰십시오.

(1) , (2)

2. 통계 자료에 대한 설명 중 틀린 것을 고르십시오.

① 현재 20대가 가장 적게 등산을 하는 편이다.

② 30대 등산객은 예전보다 20% 이상 많아졌다.

③ 20대보다 50대 이상의 등산객이 더 많아졌다.

④ 요즘에는 여자들이 남자들보다 등산을 더 많이 한다.

3. 다음 중 산에서 주의할 점을 잘 지킨 사람을 고르십시오.

① 사람들이 없는 계곡에서 볼일을 보았다.

② 과자를 먹고 남은 것은 나무 밑에 놓고 왔다.

③ 김밥과 샌드위치를 사서 배고플 때 산에서 먹었다.

④ 할아버지의 건강을 위해 큰 물통에다가 약수를 가지고 왔다.

여러분의 부모님은 취미생활을 함께하십니까? 함께하면 뭐가 좋을 것 같습니까? 그렇지 않으면 어떤 점이 안 좋을 것 같습니까?

Ⅱ 다음은 등산을 하고 난 느낌을 쓴 글입니다. 읽고 질문에 답하십시오.

지난달부터 남편과 함께 등산을 시작했어요. 산에 다녀오는 시간이 왕복 3시간 이상 되는 데 이야기도 많이 하게 되어서 서로를 이해하는 마음이 더 깊어졌어요. 그리고 중요한 것 중의 하나는 남편이나 저나 살이 빠졌어요. 그리고 등산을 통해서 더 건강해졌고 우리 부부의 사랑도 더욱 깊어졌어요.

산에 다니면서 길가에 핀 꽃들의 이름을 알기 위해 책을 사서 꽃의 이름을 찾아봤어요. 남편은 등산 때마다 맨발이지만 저는 가끔만 그렇게 해요. 맨발로 걸으면 발바닥이 아주 시원해요. 처음에는 내 발바닥이 아플 것 같아서 아래만 보고 걸었지만 지금은 개미나 풀을 밟을 것 같아서 조심스럽게 걸어요. 이렇게 자연을 사랑하는 마음도 생겼어요.

토요일이나 일요일에 부부가 손잡고 산에 가 보세요. 건강도 좋아지고 사랑도 깊어지고 저처럼 살도 빠지니까 일석삼조예요.

길가 / 맨발 / 발바닥 / 개미 / 일석삼조

1. 다음 중 위 글의 내용과 다른 것은 무엇입니까?

① 정상까지 가려면 3시간쯤 걸린다.　② 남편은 등산하면서 신발을 신지 않는다.

③ 여러 가지 꽃에 대한 관심이 많아졌다.　④ 주말에 부부가 함께 등산할 것을 권하고 있다.

2. 부부가 등산을 하고 나서 좋아진 것이 아닌 것은 무엇입니까?

① 살이 빠졌다.　② 의지력이 강해졌다.

③ 자연을 사랑하게 되었다.　④ 부부의 사랑이 깊어졌다.

3. 윗글에서 '일석삼조'가 무엇인지 세 가지를 쓰십시오.

(1) ______

(2) ______

(3) ______

써 봅시다

여러분 나라의 명산을 소개해 보십시오.

산 이름	
높이	
위치	
유명한 이유	
명산 추천 이유	

봄	여름	가을	겨울

※ 다음을 읽고 400~600자로 글을 쓰십시오.

여러분 나라의 명산을 소개해 보십시오. 단, 아래에 제시한 내용이 모두 포함되어야 합니다.

- 산의 이름, 높이, 위치 등 산을 소개해 보십시오.
- 그 산이 유명한 이유가 무엇입니까?
- 등산을 하면 좋은 점이 무엇입니까?

100

200

300

8과

아이들이 집에서 뛰어놀곤 해요

– 한국의 전통 가옥을 알고 있습니까?
여러분 나라에는 전통 가옥이 남아 있습니까?
거기에서 살아본 적이 있습니까? –

배워 봅시다

궁궐	마당	마루	바닥	온돌	정원
조상	지붕	찜질방	한옥	체험	유산
조화롭다	딱딱하다	물려주다			

연습

1. 다음 빈칸에 알맞은 단어를 쓰십시오.

(1) 앞 세대, 즉 (　　　　　　)님들 덕분에 우리가 지금 있는 것이다.

(2) 한옥은 자연과 (　　　　　　) 짓기 때문에 더 아름다워 보입니다.

(3) 조상들의 유산을 다음 세대에 (　　　　　　) 위해서 박물관을 지었어요.

(4) 이것은 비싼 물건은 아니지만 어머니가 저에게 주신 (　　　　　　)(이)기 때문에 다른 무엇과도 비교할 수 없습니다.

2. 다음 설명에 맞는 단어를 쓰십시오.

(1) 한국의 전통적인 집 (　　　　　　)

(2) 왕과 그 가족들이 사는 집 (　　　　　　)

(3) 집의 가장 윗부분 (　　　　　　)

(4) 집 안에서 꽃을 키울 수 있는 장소 (　　　　　　)

(5) 한옥 안에 나무로 만든 넓은 바닥 (　　　　　　)

3. 다음 단어와 뜻이 비슷한 말을 연결하십시오.

(1) 서울 •	• 가옥
(2) 집 •	• 경험
(3) 체험 •	• 서로 잘 어울림
(4) 조화 •	• 수도

N에 따라(서)

그날의 날씨에 따라서 기분이 많이 달라집니다.

여기에 있는 물건을 가격에 따라서 나누어 보세요.

여러분의 노력에 따라 결과가 달라질 수 있어요.

지역에 따라 말도 사람들의 성격도 다를 수 있습니다.

연습

(1) 가: 취직하는 데 가장 중요한 것이 뭘까요?

나: 그건 ______________________ 좀 달라요.

(2) 가: 장학금은 어떤 학생이 받아요?

나: ______________________ 1, 2, 3등 한 학생이 받아요.

(3) 가: 한국은 집값이 많이 비싸다고 들었어요.

나: 네, 하지만 ______________________ 차이가 많이 있어요.

(4) 가: 이 책들을 어디에 놓을까요?

나: ______________________ 나누어서 그 책상 위에 놓으세요.

(5) 가: 다음 차례는 무엇입니까?

나: 회의 ______________________ 다음 차례는 사장님 말씀입니다.

지역 순서 직업 성적 제목

V-곤 하다

가: 성주 씨, 등산을 좋아하세요?
나: 네, 아버지와 주말마다 등산을 하곤 해요.

가: 박 선생님은 시간이 있으면 무엇을 하세요?
나: 음악을 듣거나 영화를 보곤 해요.

가: 요즘에도 책을 많이 읽으세요?
나: 예전에는 일주일에 3권씩 읽곤 했는데, 지금은 거의 못 읽어요.

연습

(1) 가: 유미 씨 요즘도 찜질방에 자주 가요?

나: 네, 시간이 날 때마다 ______________________.

(2) 가: 학교에 올 때 항상 버스에서 서서 와요?

나: 아니요, 출근 시간이 아닐 때는 ______________________.

(3) 가: 진나 씨는 어디에서 주로 옷을 사세요?

나: 저는 명동보다 동대문 시장에서 옷을 ______________________.

(4) 가: 아빠는 어렸을 때 친구들과 무엇을 하면서 놀았어요?

나: 집 근처에 산이 있어서 친구들과 산에 가서 ______________________.

(5) 가: 요즘도 진수 씨랑 자주 연락해요?

나: 아니요, 전에는 바빠도 자주 ______________________ 요즘은 바빠서 못 해요.

놀다 앉다 사다 가다 연락하다

A/V-냐고 하다 // N(이)냐고 하다

유미: 이게 뭐예요?
왕명(다른 사람에게): 유미 씨가 이게 뭐냐고 해요 / 했어요.

유미: 어떤 강아지가 귀여워요?
왕명(다른 사람에게): 유미 씨가 어떤 강아지가 귀엽냐고 해요 / 했어요.

유미: 성주 씨 지금 뭐 해요?
왕명(다른 사람에게): 유미 씨가 성주 씨 지금 뭐 하냐고 해요 / 했어요.

연습

(1) 제인: 어디 가요?

진나: 제인 씨가 어디 ______________________.

(2) 제인: 고추가 매워요?

진나: 제인 씨가 고추가 ______________________.

(3) 제인: 한국어가 재미있어요?

진나: 제인 씨가 한국어가 ______________________.

(4) 제인: 그 가방 비싸요?

진나: 제인 씨가 이 가방이 ______________________.

(5) 제인: 남편이 선생님이에요?

진나: 제인 씨가 제 남편이 ______________________.

(6) 제인: 진수 지금 밥 먹어요?

진나: 제인 씨가 진수 지금 밥 ______________________.

(7) 제인: 몇 시에 일어나요?

진나: 제인 씨가 저에게 몇 시에 ______________________.

V-(으)라고 하다 // V-지 말라고 하다

(선생님이 말했어요. "방학에 태권도를 배워 보세요.")
가: 선생님께서 뭐라고 말씀하셨어요?
나: 방학에 태권도를 배워 보라고 하셨어요.

(경찰관이 할머니에게 말하고 있어요. "빨간불일 때는 길을 건너지 마세요.")
가: 경찰 아저씨가 할머니에게 무슨 말을 하고 있어요?
나: 빨간불일 때는 길을 건너지 말라고 하고 있어요.

(어머니가 왕명에게 말했어요. "진나에게 가방을 줘.")
가: 어머니께서 뭐라고 말씀하셨어요?
나: 진나에게 가방을 주라고 하셨어요.

(어머니가 성주에게 말해요. "가방을 나에게 줘.")
가: 어머니께서 뭐라고 말씀하세요?
나: 성주에게 가방을 달라고 하셨어요.

연습

(1) (성주가 말하고 있어요. "음악을 조용히 들으세요.")

가: 성주 씨가 뭐라고 말하고 있어요?

나: 성주 씨가 음악을 조용히 ______________________.

(2) (제인이 왕명에게 말했습니다. "부인과 같이 파티에 오세요.")

가: 제인이 왕명에게 무슨 말을 했어요?

나: 부인과 같이 ______________________.

(3) (소방관이 등산객에게 말하고 있어요. "산에서 담배를 피우지 마세요.")

가: 소방관이 등산객에게 뭐라고 말했어요?

나: 소방관이 산에서 담배를 ______________________.

(4) (청소 아줌마가 학생들에게 말했습니다. "교실에 휴지를 버리지 마세요.")

가: 청소 아줌마가 학생들에게 무슨 말씀을 하셨어요?

나: 교실에 휴지를 ______________________________.

(5) (아이가 말하고 있어요. "도와주세요.")

가: 아이가 뭐라고 말하고 있어요?

나: 아이가 ______________________________.

(6) (선생님께서 성주에게 말하셨어요. "성주야, 진나를 도와줘.")

가: 선생님께서 성주에게 뭐라고 말하셨어요?

나: 진나를 ______________________________.

대화해 봅시다

여러분은 한옥에 가 봤습니까? 한옥의 모습이 어땠습니까?

기자(여) 오늘은 북촌 한옥 마을에서 살고 있는 피터 씨 댁에 왔습니다. 피터 씨와 이야기를 해 보겠습니다. 피터 씨, 안녕하세요!

피터(남) 네, 안녕하세요!

기자(여) 이곳에 오신 지는 얼마나 되셨어요?

피터(남) 벌써 30년이 됐네요. 처음 여기 올 때는 사람들이 왜 외국인이 한옥에 사냐고 했어요. 저를 이상하게 생각하기도 했어요.

기자(여) 그렇군요. 요즘은 한국 사람들도 한옥에서 사는 것을 불편해해서 아파트로 이사하곤 하는데 피터 씨는 불편하지 않으세요?

피터(남) 물론 불편했죠. 특히 겨울에 춥고 화장실과 부엌이 현대 생활과 맞지 않아서 불편했어요.

기자(여) 그런데 지금은 괜찮으세요?

피터(남) 네, 수리를 좀 했거든요. 친구들이 마루에 유리문을 만들고 부엌에는 싱크대를 설치하라고 해서 했는데, 아주 편리해요.

기자(여) 그래도 아파트처럼 편리하지는 않을 것 같아요.

피터(남) 생각하기에 따라 달라요. 한옥은 여러 가지 자연 재료를 사용해서 자연과 조화롭게 짓기 때문에 아파트보다 안정감이 있어요. 저는 한국 사람들이 한옥을 계속 지켰으면 좋겠어요.

1. 피터 씨는 한옥의 장점을 무엇이라고 했습니까?

2. 피터 씨는 한옥의 불편한 점이 무엇이라고 했습니까?

3. 이 글의 내용과 다른 것은 무엇입니까?

① 한옥은 자연과 조화롭게 짓는다.

② 요즘 한국 사람들은 한옥이 불편하다고 싫어한다.

③ 피터 씨는 한옥이 불편해서 이사를 하고 싶어 한다.

④ 피터 씨가 처음 한옥에 살았을 때 사람들이 이상하게 생각했다.

들어 봅시다

여러분은 한옥을 본 적이 있습니까?
여러분 나라의 전통 가옥과 비슷하거나 다른 점이 무엇입니까?

I 다음을 듣고 질문에 답하십시오.

1. 성주 씨는 지금 어디에서 살고 있습니까?

2. 이사를 한 이유는 무엇입니까?

3. 성주 씨가 아파트에 살아서 불편한 것은 무엇입니까?

   ① 회사를 자주 옮겨야 한다.

   ② 이웃과 친하게 지낼 수 있다.

   ③ 아이들이 집에서 뛰어놀 수 없다.

   ④ 자연 재료로 지어서 냄새가 난다.

4. 대화의 내용과 다른 것은 무엇입니까?

   ① 성주 씨의 아이들도 한옥을 좋아한다.

   ② 성주 씨는 다시 한옥에서 살고 싶어 한다.

   ③ 아이들 때문에 아래층 사람이 와서 화를 냈다.

   ④ 성주 씨는 아파트는 편리한 점이 없다고 생각한다.

>>> 한옥을 본 적이 있습니까? 여러분 나라의 전통 가옥과 같은 것이 있습니까?

>>> 찜질방에 가 본 적이 있습니까? 찜질방에서 한국 사람들은 무엇을 합니까?

Ⅱ 다음을 듣고 질문에 답하십시오.

1. 두 사람은 무엇에 대해 이야기하고 있습니까?

① 찜질방의 음식 ② 온돌과 찜질방

③ 찜질방의 종류 ④ 찜질방의 장점

2. 대화의 내용과 같으면 ○, 다르면 × 하십시오.

(1) 온돌은 건강에 좋다. ( )

(2) 침대는 딱딱해서 아프다. ( )

(3) 진나 씨는 찜질방에 가 본 적이 없다. ( )

(4) 찜질방과 온돌은 방을 따뜻하게 하는 방법이 같다. ( )

3. 대화의 내용과 다른 것은 무엇입니까?

① 온돌은 한국의 전통 난방 방식이다.

② 진나 씨는 오늘 찜질방에 갔으면 한다.

③ 진나 씨는 뜨거운 찜질방을 좋아하지 않는다.

④ 피곤할 때 찜질방에 가면 기분과 몸이 좋아질 수 있다.

>>> 여러분은 찜질방에 가 본 적이 있습니까? 재미있었습니까? 무엇을 했습니까?

말해 봅시다

I 여러분은 들은 이야기를 다른 사람에게 전달할 때 어떻게 이야기를 합니까? 다음 물음에 'A/V-냐고 하다', 'V-(으)라고 하다 // V-지 말라고 하다'를 사용하여 대답해 보십시오. 아래의 물음 외에 다양한 물음을 만들어 해 보고, 끝나면 역할을 바꾸어 이야기해 보십시오.

면접을 볼 때 사장님이 뭐라고 하셨어요?

이름이 뭐냐고 했어요. (⇦ 이름이 뭐예요?)

________________. (⇦ 어디에 살아요?)

________________. (⇦ 취미가 뭐예요?)

________________. (⇦ 주말에도 일할 수 있어요?)

________________. (⇦ 한국어를 배운 지 얼마나 되었어요?)

엄마가 한국에 올 때 뭐라고 하셨어요?

밥을 많이 먹으라고 하셨어요. (⇦ 밥을 많이 먹어라.)

________________. (⇦ 공부를 열심히 해라.)

________________. (⇦ 집에 늦게 들어가지 마라.)

________________. (⇦ 전화를 자주 해라.)

식당에서 주문할 때 뭐라고 했어요?

물을 좀 달라고 했어요. (⇦ 물을 좀 주세요.)

________________. (⇦ 2인분 주세요.)

________________. (⇦ 물수건을 주세요.)

________________. (⇦ 반찬을 더 주세요.)

아내가 남편에게 하는 잔소리가 무엇인지 말해 보세요.

담배를 피우지 말라고 했어요. (⇦ 담배를 피우지 마세요.)

________________. (⇦ 술을 마시지 마세요.)

________________. (⇦ 일찍 들어오세요.)

________________. (⇦ 운동을 하세요.)

Ⅱ 친구와 같이 여러분 나라의 전통 가옥과 아파트를 비교해 보십시오. 무엇이 좋고, 무엇이 안 좋습니까? 친구와 서로 이야기해 본 후 써 보십시오.

보기

가: 왕명 씨 고향에도 전통 가옥이 있어요?
나: 물론이죠. 우리 고향에도 전통 가옥이 있어요.
가: 아파트와 비교해서 무엇이 편하고 무엇이 불편해요?
나: 전통 가옥은 정원이 있어서 항상 아름다운 꽃과 자연을 볼 수 있어요. 하지만 보통 시골에 있어서 교통이 불편해요.

마당 정원 교통 이웃 자연 난방 건강 애완동물 자연재료 사생활 보호

	전통 가옥	아파트
장점	• • •	• • •
단점	• • •	• • •

읽어 봅시다

여러분은 한국의 전통 가옥의 종류를 알고 있습니까? 어떤 것이 있습니까?

I 다음을 읽고 질문에 답하십시오.

[   ]

한국의 전통 가옥은 기와집과 초가집으로 나눌 수 있습니다. 기와집과 초가집의 공통점과 차이점은 무엇일까요? 다음의 표에서 확인해 보세요.

	기와집	초가집
한국의 전통가옥		
지붕 재료	기와	볏짚
사용한 건물	궁궐, 절, 양반집	서민의 집
공통점	1) 온돌로 난방을 한다. 2) 볏짚, 흙, 나무, 돌 등 자연 재료를 이용한다. 3) 집 앞에는 강, 집 뒤에는 산이 있으면 좋고, 남쪽으로 향하는 집이 좋다고 생각한다. 4) 곡선과 직선으로 되어 있어서 아름답다. 5) 화장실이 방과 부엌에서 떨어져 있다.	

기와 / 초가 / 볏짚 / 흙 / 돌 / 곡선 / 직선 / 떨어져 있다

1. [   ]에 알맞은 제목을 고르십시오.

① 한국 전통 가옥의 크기　　② 한국 전통 가옥의 장점과 단점

③ 기와집과 초가집의 모양과 색깔　　④ 기와집과 초가집의 공통점과 차이점

2. 한국의 전통 가옥은 무엇과 무엇이 있습니까?

(   )

3. 다음 중 위의 내용과 다른 것은 무엇입니까?

① 기와집과 초가집은 모두 자연 재료를 사용한다.

② 기와집과 초가집은 지붕의 모양과 재료가 다르다.

③ 기와집과 초가집은 보통 화장실이 방에서 떨어져 있다.

④ 기와집은 온돌로 난방을 하는데 초가집은 온돌이 없다.

»» **여러분은 한국에서 생활하면서 잠자거나 앉을 때 불편한 점이 없었습니까?**

Ⅱ 다음을 읽고 질문에 답하십시오.

저는 얼마 전에 러시아에서 한국어를 배우러 온 나타샤입니다. 며칠 전에 저는 한국 친구의 초대를 받고 친구의 고향 집에 갔습니다. 친구의 고향 집은 한옥이었는데, 집 바로 뒤에 산이 있어서 더 아름다워 보였습니다. 친구 부모님들도 저에게 아주 잘해 주셨습니다. 특히 친구 어머니께서 만드신 음식은 기숙사 식당 음식보다 더 맛있었습니다.

그런데 문제가 있었습니다. 친구의 고향 집에는 의자도 침대도 없었기 때문입니다. 친구의 부모님께 인사를 드릴 때, 밥을 먹을 때, 잘 때 모두 자세가 익숙하지 않아서 힘들었습니다. 아버님이 내가 불편해하는 것을 아시고 다리를 앞으로 펴고 앉으라고 하셨습니다. 그래서 다행히 다리를 펼 수 있었습니다. 기숙사에 의자도 침대도 모두 다 있어서 미리 친구에게 의자와 침대가 있냐고 물어보지 않은 것이 후회되었습니다. 한국 생활이 조금 더 익숙해지면 한국 사람처럼 바닥에 잘 앉을 수 있을 겁니다. 그때 다시 친구 고향 집에 가면 좋겠습니다. 그때는 한국 예절에 따라 친구 부모님께 절도 하고 싶습니다.

다리를 펴다 / 후회 / 절

1. 나타샤는 어디에 갔습니까?

2. 그곳에서 나타샤는 무엇이 불편했습니까?

3. 다음 중 위의 내용과 다른 것은 무엇입니까?

① 기숙사에는 의자와 침대가 있다.

② 나타샤는 한국에 온 지 오래되었다.

③ 친구의 고향 집에는 의자와 침대가 없다.

④ 나타샤는 다음에 다시 친구의 고향 집에 갔으면 한다.

써 봅시다

여러분은 어릴 때 어떤 집에서 살았습니까? 20년 후에는 어떤 집에서 살고 싶습니까?

<table>
<tr><td rowspan="3">어릴 때 집</td><td colspan="2">1. 전통 가옥</td></tr>
<tr><td colspan="2">2. 아파트</td></tr>
<tr><td colspan="2">3. 주택</td></tr>
<tr><td>어릴 때 집의 장점</td><td colspan="2"></td></tr>
<tr><td>어릴 때 집의 단점</td><td colspan="2"></td></tr>
<tr><td rowspan="3">20년 후 살고 싶은 집</td><td>1. 위치</td><td></td></tr>
<tr><td>2. 교통</td><td></td></tr>
<tr><td>3. 주변 환경</td><td></td></tr>
<tr><td>같이 살고 싶은 사람</td><td colspan="2"></td></tr>
</table>

전통 가옥

아파트

주택

※ 다음을 읽고 400~600자로 글을 쓰십시오.

여러분은 어릴 때 어떤 집에서 살았습니까? 20년 후에는 어떤 집에서 살고 싶습니까? 여러분이 살고 싶은 집에 대해서 써 보십시오. 단, 아래에 제시한 내용이 모두 포함되어야 합니다.

- 어릴 때 어떤 집에서 살았습니까? 그 집의 장점과 단점은 무엇입니까?
- 20년 후에는 어떤 집에서 살고 싶습니까?
  (위치, 교통, 주변 환경 등)
- 누구와 함께 살고 싶습니까?

100

200

9과

그 맛에 빠져 버렸어요

- 김치를 처음 먹었을 때 어땠어요? 지금은 어때요? -

배워 봅시다

김장	동치미	백김치	보쌈	열무	국물
고춧가루	부침개	플라스틱	통	흙	땅
김칫독	김치 냉장고	담그다	익히다	보관하다	시도하다

연습

1. 다음 그림에 알맞은 단어를 빈칸에 쓰십시오.

(1) ____________

(2) ____________

(3) ____________

(4) 열무

(5) 부침개

(6) 고춧가루

2. 다음 설명과 그림에 맞는 단어를 골라 쓰십시오.

통	땅	김칫독	김치 냉장고	보관하다

다음은 담근 김치를(= 김장을) (①) 은/는 방법입니다. 왼쪽 아래는 플라스틱으로 만든 (②) (이)고 오른쪽 아래는 흙으로 만든 (③) 입니다. 왼쪽 것은 (일반)냉장고나 (④) 에 넣고 오른쪽 것은 (⑤) 에 묻어 놓으면 맛있어 집니다.

3. 다음 중 관계있는 것끼리 연결하십시오.

(1)
- 옷이 몸에
- 요리가 입에
- 두 사람의 마음이

• • 시원하다

(2)
- 바람이
- 요리 국물이
- 사우나에서 땀을 흘리면

• • 맞다

V-기부터 // N부터

가: 예습할 때 가장 먼저 하는 게 뭐예요?
나: 저는 무엇보다 먼저 단어 **찾기부터** 해요.

가: 처음 뵙겠습니다. 말씀 많이 들었습니다.
나: 네, 반갑습니다. 우리, **이름부터** 소개해요.

가: 한국 사람은 나이를 알고 나서 높임말이나 반말을 쓰지요?
나: 네, 그래서 첫 만남에서 **나이부터** 물어보는 게 실례가 안 돼요.

연습

(1) 가: 우리 방학 때 어디로 여행 갈까?

나: 내일이 시험이니까 ______________ 잘 보고 나서 생각해 보자.

(2) 가: 왕명 씨가 큰 고민이 있는 것 같아요.

나: 네, 만나자마자 ______________ 마시는 게 평소와 많이 다르네요.

(3) 가: 계속 이야기를 해 봅시다.

나: 그러지 말고 배고프니까 우리 잠시 쉬면서 ______________ 먹어요.

(4) 가: 어떻게 하면 공부를 잘할 수 있어요?

나: 노력도 중요하지만 무엇보다 ______________ 잘 세우는 게 중요해요.

(5) 가: 의사 선생님, 감기에 걸리지 않는 좋은 생활 습관 하나만 말씀해 주세요.

나: 외출했다가 돌아오면 무엇보다 먼저 손 ______________ 하는 게 중요해요.

술	밥	시험	계획	씻다

V-아/어 버리다

가: 저도 맛있는 김치를 좀 먹고 싶네요.
나: 미안해요. 맛있어서 아까 다 먹어 버렸어요.

가: 오늘은 왜 밖에서 농구를 하는 학생들이 없어요?
나: 너무 추워서 모두 건물 안으로 들어가 버렸어요.

가: 이따가 도서관에서 같이 숙제해요.
나: 저는 아까 다 해 버렸어요. 이따가 약속이 있거든요.

연습

(1) 가: 왕명 씨, 시험 공부했어요?

나: 어제 너무 피곤해서 ______________________.

(2) 가: 왜 숙제 안 했어?

나: 어제 너무 바빠서 숙제를 ______________________.

(3) 가: 내가 아까 한 말, 다른 사람한테는 비밀로 해 주세요.

나: 어머! 아까 동아리 친구들한테 벌써 ______________________.

(4) 가: 이번 달 생활비 얼마쯤 남았어요?

나: 이번 달에는 외식과 쇼핑을 많이 해서 다 ______________________.

(5) 가: 노트북을 새로 사셨어요? 정말 좋아 보이네요.

나: 네, 친구가 자랑을 너무 많이 해서 저도 이번에 ______________________.

쓰다	자다	잊다	사다	말하다

A/V-았/었던 // N이었던/였던

가: 그 친구는 초등학교 때 제일 키가 컸던 친구였어요.
나: 그래요? 지금은 우리 반에서 제일 작아요.

가: 그 회사를 알고 있어요?
나: 네, 오래전에 제가 근무했던 곳이에요.

가: 혹시 옛날에 운동선수였던 사람이 있어요?
나: 네, 성주 씨가 옛날에 축구 선수였어요.

연습

(1) 가: 이 작은 옷은 뭐예요?

나: 제가 어렸을 때 가장 ________________ 옷이에요.

(2) 가: 이 사진에 계신 나이 드신 분은 누구세요?

나: 옛날에 우리 학교에서 가장 ________________ 분이세요.

(3) 가: 손님, 무슨 일로 오셨어요?

나: 어제 옷을 ________________ 사람인데 옷을 바꾸고 싶어요.

(4) 가: 유미 씨, 주말에 가고 싶은 곳이 있어요?

나: 작년 봄에 친구들과 놀러 ________________ 곳에 다시 가고 싶어요.

(5) 가: 저 사람은 가수인데 요리를 참 잘하는 것 같아요.

나: 가수 활동을 하기 전에 ________________ 사람이라서 요리를 잘해요.

요리사 사다 가다 멋있다 좋아하다

N(으)로 인해(서)

⋯› N(으)로 인하여

인도네시아는 지진으로 인해서 많은 피해를 입었다.

이번 여행으로 인해서 두 사람의 사랑은 더욱 깊어졌어요.

지난번 모임으로 인해서 우리 반의 분위기가 아주 좋아졌어요.

불규칙한 생활 습관으로 인해서 유학 생활이 더 힘들어지고 있어요.

연습

(1) 그 식당은 ______________________ 유명해졌다.

(2) 작은 ______________________ 두 사람 사이가 나빠졌어요.

(3) 여러 가지 ______________________ 학생은 자주 병원을 다녔다.

(4) 최근 ______________________ 생기는 성인병들이 늘어나고 있다.

(5) 개인적인 ______________________ 편의점이 오늘은 문을 닫았어요.

일　　오해　　비만　　질병　　방송

대화해 봅시다

무슨 종류의 김치 요리를 먹어 보았습니까?

왕명 유미 씨, 김치가 우리 외국인들이 쉽게 먹을 수 있는 음식은 아닌 것 같아요.

유미 매워서 그렇지요? 그래도 건강과 미용에 아주 좋다고 하니까 먹어 보세요.

왕명 그래서 저도 그렇고 주변 친구들도 시도해 보는데 모두들 매워서 힘들어해요.

유미 반찬으로 된 김치만 먹지 말고 김치로 만든 다양한 음식을 먹어 보면 어떨까요?

왕명 그래요? 유미 씨는 요리를 잘하니까 몇 가지 소개 좀 해 주세요.

유미 그러면 종이와 펜부터 준비하세요. 김치볶음밥이나 김치찌개는 잘 알고 있으니까 다른 요리를 소개할게요. 왕명 씨, 라면 자주 끓여 먹죠? 라면을 끓일 때 김치를 넣어 보세요. 그러면 라면의 맛이 더 좋아지고 국물도 시원해져요.

왕명 그래요? 오늘 저녁에 당장 끓여 먹어 봐야겠어요. 며칠 전에 한국 친구들과 삼겹살을 먹는데 거기에다가 김치를 구워 먹으니까 참 맛있었어요. 완전히 그 맛에 빠져 버렸어요.

유미 그렇죠? 그리고 한국 사람들은 비가 오거나 오늘처럼 아주 흐린 날씨에 '김치부침개'를 즐겨 먹어요.

왕명 그런 말을 들어 본 적이 있어요.

유미 김치부침개는 만드는 방법이 쉬운 편이에요. 이번 주말에 친구들과 함께 만들어 먹을래요?

왕명 네, 좋아요.

1. 김치는 어디에 좋습니까?

2. 외국 사람들은 왜 김치를 쉽게 먹을 수 없습니까?

3. 라면에 김치를 넣어 끓이면 어떻습니까?

4. 흐리거나 비가 오는 날에 한국 사람들이 즐겨 먹는 음식은 무엇입니까?

들어 봅시다

여러분은 김치 냉장고를 구경해 본 적이 있습니까? 일반 냉장고와 뭐가 다를 것 같습니까?

I 다음을 듣고 질문에 답하십시오.

1. 들은 내용의 제목으로 알맞은 것은 무엇입니까?

① 김치 담그는 방법 ② 김치 맛 구별 방법
③ 김치의 보관 방법 ④ 김치 냉장고의 구입 방법

2. 김치 냉장고와 일반 냉장고의 가장 큰 차이는 무엇입니까?

① 가격 ② 크기 ③ 온도 변화 ④ 사용 방법

3. 김치를 보관하는 방법에 대한 설명으로 틀린 것은 무엇입니까?

① 겨울에는 부엌에 보관했다.
② 여름에는 시원한 물속에 보관했다.
③ 옛날에는 김치를 김칫독에 보관했다.
④ 요즘은 플라스틱으로 만든 통에 보관한다.

4. 들은 내용과 같은 것은 무엇입니까?

① 김치는 담그고 나서 익혀서 먹는 것이 더 좋다.
② 엄마는 김치 냉장고가 비싸서 사지 못하고 있다.
③ 김치 냉장고는 일반 냉장고보다 더 자주 문을 열고 닫는다.
④ 신선한 맛을 좋아하는 사람은 담근 지 오래된 김치를 먹으면 된다.

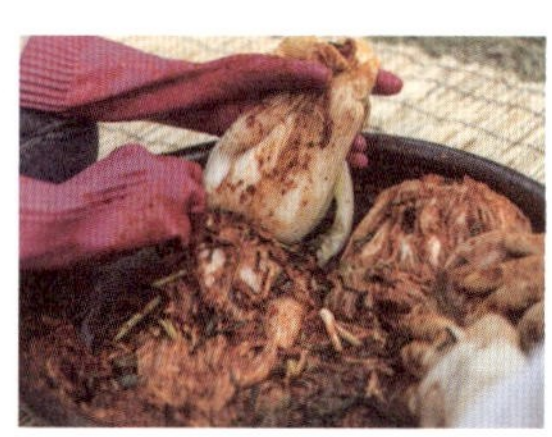

>>> 여러분은 고춧가루가 들어가지 않은 김치를 먹어본 적이 있습니까?

Ⅱ 다음을 듣고 질문에 답하십시오.

1. 여자는 어디에, 누구와 갔습니까?

① 한식집－성주
② 김치 박물관－성주의 가족
③ 김치 박물관－한국 친구
④ 한식집－한국 친구의 가족

2. 여자가 먹지 않은 것은 무엇입니까?

① 보쌈
② 고추
③ 국수
④ 동치미

3. 다음 중 들은 내용과 같은 것은 무엇입니까?

① 제인 친구의 어머니는 약사이다.
② 제인은 배가 아파서 소화제를 먹었다.
③ 제인은 성주와 함께 김치 박물관에 다녀왔다.
④ 제인은 고춧가루를 넣은 김치는 잘 못 먹었다.

>>> 인터넷으로 김치 박물관을 검색해 본 후 친구에게 소개해 보세요.

말해 봅시다

I 지금은 하지 않지만 과거에 한 일을 말할 때 어떻게 말합니까? 'A/V-았/었던'을 사용하여 학생 때의 추억을 쓰고 짝과 함께 말해 보십시오.

	학생 때의 추억
자주 불렀던 노래	**학생 때 많이 불렀던 노래는 ○○○이에요/예요.**
자주 갔던 장소	
가지고 싶었던 것	
좋아했던 사람	

자주 불렀던 노래

가: 학생 때 많이 불렀던 노래는 뭐예요?

나: 제일 많이 불렀던 노래는 ○○○이에요/예요.

가: 왜 그 노래를 많이 불렀어요?

나: 가수도 멋있었고 노래도 좋았기 때문이에요.

간 곳 중에서 제일 좋았던 장소

가: 학생 때 자주 간 곳 중에서 제일 좋았던 곳은 어디예요?

나: 제일 좋았던 곳은 제주도예요.

가: 뭐가 제일 마음에 들었어요?

나: 깨끗한 공기와 아름다운 경치가 제일 마음에 들었어요.

가지고 싶었던 것

가: ______________________.

나: ______________________.

가: ______________________.

나: ______________________.

좋아했던 사람

가: ______________________.

나: ______________________.

가: ______________________.

나: ______________________.

Ⅱ 다음 재료 중에서 5가지를 선택해 김치가 들어간 요리를 만들어 보십시오. 그리고 만드는 순서를 발표해 보십시오.

재료				
돼지고기	소고기	닭고기	참치	오징어
밀가루	밥	라면	김	두부
햄	달걀	양파	치즈	카레
상추	파	당근	무	감자

- 음식 이름:
- 재료:
- 만든는 법:

(1)

(2)

(3)

(4)

(5)

마늘	썰다	삶다	간장	볶다
굽다	찌다	소금	젓다	섞다
설탕	붓다	튀기다	끓이다	부치다
자르다	고추장	식용유	후춧가루	고춧가루

읽어 봅시다

여러분이 알고 있는 김치는 어떤 것이 있습니까?

I 다음을 읽고 질문에 답하십시오.

김치의 종류는 재료나 만드는 방법에 따라 다양합니다.

먼저 한국의 대표적인 김장 김치인 배추김치가 있습니다. 배추김치는 소금에 절인 배추에 무, 고춧가루, 마늘, 생강 등을 넣어 담급니다. 배추김치는 다양한 음식의 재료로 활용할 수 있는 것이 특징입니다. 배추김치로 김치찌개, 김치국수, 김치볶음밥 등을 만들 수 있습니다.

동치미는 소금에 절인 무에 고추와 파, 마늘, 생강, 배 등을 넣어서 만듭니다. 동치미는 주로 가을에 담가서 겨울에 먹습니다. 동치미는 소화에 도움이 되기 때문에 떡을 먹거나 고구마를 먹을 때 같이 먹기도 합니다.

깍두기는 무를 네모로 썰어서 소금에 절인 후 고춧가루와 파, 마늘, 생강, 새우젓 등의 양념을 넣고 담근 것입니다. 무는 사계절에 흔하게 볼 수 있는 채소지만 김장철에 나오는 무는 특히 더 달아서 맛있습니다. 무는 사과보다 비타민 C가 7배 많고, 위를 건강하게 해 주기 때문에 자주 먹는 것이 좋습니다.

절이다

생강

새우젓

절이다 / 생강 / 네모 / 새우젓 / 김장철

1. 김치의 이름을 쓰십시오.

(1) (　　　　　　)

(2) (　　　　　　)

(3) (　　　　　　)

2. 다음 중 위의 내용과 맞는 것은 무엇입니까?

① 동치미는 한국의 대표적인 김치다.

② 배추는 비타민 C가 사과보다 7배 더 많다.

③ 깍두기를 먹으면 위의 기능이 좋아질 수 있다.

④ 동치미와 깍두기는 다양한 음식의 재료로 쓰인다.

>>> 인터넷으로 주문해서 먹는 음식을 믿고 먹을 수 있습니까?

Ⅱ 다음을 읽고 질문에 답하십시오.

㉮ 요즘은 인스턴트 식품으로 인해 자연식품의 맛을 잃어버린 사람이 많다. 김치를 못 먹는 아이들도 많다. 김치를 못 담그는 주부들도 늘어나고 있다. 김장철이 되면 김치를 파는 홈쇼핑부터 찾는 주부들이 아주 많다. 시어머니가 며느리에게 김장을 담갔냐고 물어보면 홈쇼핑에서 사면 된다고 대답하는 주부들도 있다.

㉯ 한국의 전통 음식 김치가 좋다는 것은 누구나 알고 있다. 예전에는 집에서 직접 김치를 담가 먹었다. 하지만 현대 여성들은 직장에서의 많은 일과 가정에서의 ㉠일로 인해 바빠져서 김치를 담그지 않고 사서 먹는 경우가 많다. 사서 먹는 것이 잘못된 일인가? 물론 사서 먹어도 나쁘지는 않지만 문제는 위생이다. 집에서 담근 김치만큼 맛있고 안전하고 위생적이라면 사서 먹는 것도 나쁘지 않다.

1. 아래의 문장을 읽고 그 내용이 들어 있는 곳에 ✓ 표시하십시오.

(1) 요즘 아이들은 김치를 좋아하지 않는다. (가 / 나)

(2) 김치를 못 담그는 주부들이 많아지고 있다. (가 / 나)

(3) 김치가 안전하기만 하면 담그지 않고 사서 먹어도 좋다. (가 / 나)

(4) 가정과 직장의 일 때문에 김치를 사서 먹는 사람들이 많다. (가 / 나)

(5) 파는 김치도 집에서 담근 김치처럼 안전하고 위생적이어야 한다. (가 / 나)

2. 윗글에서 '㉠일로 인해'와 바꾸어 사용할 수 있는 것은 무엇입니까?

① 일에다가

② 일 때문에

③ 일과 함께

④ 일에 앞서

써 봅시다

여러분은 평소에 매운 음식을 잘 먹는 편입니까? 김치를 언제 처음 먹었습니까?

1. 평소에 매운 음식을 잘 먹는 편입니까?

   ⇨

2. 김치를 언제, 어디에서 처음 먹었습니까?

   ⇨

3. 처음 먹었을 때 어떤 맛이었습니까?

   ⇨

4. 지금은 김치를 잘 먹습니까?

   ⇨

5. 김치를 못 먹는 친구를 위해 어떤 말을 해 주고 싶습니까?

   ⇨

처음	
중간	
끝	

배추김치	**동치미**	**깍두기**

※ 다음을 읽고 400~600자로 글을 쓰십시오.

»» 여러분은 평소에 매운 음식을 잘 먹는 편입니까? 김치를 처음 먹었을 때의 느낌을 쓰십시오. 단, 아래에 제시한 내용이 모두 포함되어야 합니다.

- 평소에 매운 음식을 잘 먹는 편입니까? 김치를 언제, 어디에서 처음 먹었습니까?
- 먹었을 때 어떤 맛이었고 먹어 보니까 어떤 느낌이었습니까?
- 김치의 어떤 점을 추천해 주고 싶습니까?

10과

명절은 기대되면서도 부담돼요

- 여러분 나라에서는 명절에 무슨 음식을 먹어요? -

배워 봅시다

가래떡	떡국	곡식	부럼	오곡밥	정월 대보름
송편	전	차례	세대	빚다	굳다
부치다	깨물다	동그랗다	납작하다	길쭉하다	간소하다

연습

1. 다음 빈칸에 알맞은 단어를 쓰십시오.

떡국　　송편　　부럼　　곡식　　오곡밥

(1) 가: 정월 대보름에도 특별한 음식을 먹지요?

나: 네, 다섯 가지 (　　　　　)(으)로 만든 (　　　　　)을/를 먹어요.

(2) 가: 그런데 정월 대보름에 또 먹는 것이 있지요?

나: 네, (　　　　　)(이)라고 하는 것을 먹어요. 호두나 땅콩 같은 것이에요.

(3) 가: 한국 사람들이 명절에 무슨 음식을 먹는지 알아요?

나: 네, 알아요. 설날에는 (　　　　　)을/를 먹고 추석에는 (　　　　　)을/를 먹어요.

2. 다음 음식에 맞는 동사를 찾아 알맞게 고쳐 쓰십시오.

썰다	빚다	부치다	끓이다

① 떡국

② 송편

③ 전

④ 가래떡

⑤ 나물

추석에는 송편을 (   ). 설에는 떡국을 (   ). 떡국을 끓이기 위해서는 가래떡을 (   )해요. 그리고 설과 추석 때는 차례를 지내는데, 차례를 지내려면 전을 꼭 (   )해요. 또 명절에는 전과 나물도 있어야 해요.

3. 대화를 읽고 (   ) 안에 알맞은 단어를 넣으십시오.

굳다	동그랗다	간소하다

(1) 가: 아기의 눈이 동그랗게 생겼어요.

나: 아빠의 눈을 닮아서 크고 (   ).

(2) 가: 친구가 전통 결혼식을 했는데 조금 복잡했어요.

나: 그래도 옛날보다는 훨씬 (   ).

(3) 가: 요즘 운동을 너무 안 해서 온몸이 (   ).

나: 저도 그래요. 저와 함께 요가를 배우실래요?

A/V-(으)면서도

가: 어제 본 영화는 어떤 영화예요?
나: 재미있으면서도 조금은 슬픈 영화였어요.

가: 저 두 사람은 정말 잘 어울리지요?
나: 네, 두 사람이 비슷하면서도 달라서 잘 어울려요.

가: 왜 김 과장님이 직원들에게 인기가 없어요?
나: 자기는 놀면서도 직원들한테는 일을 많이 시키거든요.

연습

(1) 가: 학교 앞 식당은 왜 인기가 많아요?

나: 값이 ______________________ 맛있거든요.

(2) 가: 이 한국어 책이 왜 인기가 많아요?

나: 내용이 ______________________ 유익하다고 해요.

(3) 가: 그 사람, 요즘은 일을 열심히 해요?

나: 시키면 ______________________ 안 하려고 해서 걱정이에요.

(4) 가: 저 사람이 우리한테 뭐라고 해요?

나: 자기는 ______________________ 우리한테는 조용히 하라고 하는군요.

(5) 가: 요즘 새로 나온 노트북이 괜찮아요?

나: 네, 필요한 기능은 다 ______________________ 크기가 작아서 좋아요.

쉽다 　 있다 　 싸다 　 떠들다 　 잘하다

V-(으)ㄴ 채(로)

⋯ 있는 채로 / 없는 채로

안경을 낀 채로 잠이 들었어요.

잠옷을 입은 채로 외출하지 마세요.

신발을 신은 채로 방에 들어가면 안 돼요.

책상에 엎드린 채 잠을 자면 허리에 좋지 않아요.

연습

(1) 가: 모자를 ________________ 수업을 해도 돼요?

나: 아니요, 실내에서는 모자를 벗는 것이 더 좋아요.

(2) 가: 요즘 의자에 ________________ 공부만 해서 체중이 늘었어요.

나: 그래요? 공부도 중요하지만 건강이 더 중요해요. 운동도 하세요.

(3) 가: 저 두 사람이 요즘 사귀나요?

나: 그런 것 같아요. 둘이 손을 ________________ 다니는 걸 자주 봤어요.

(4) 가: 여보, 왜 아이들이 전화를 했어요?

나: 제가 문을 ________________ 나와서 집에 들어갈 수가 없다고 했어요.

(5) 가: 이 음악이 그렇게 좋아요?

나: 네, 눈을 ________________ 들어 보시면 얼마나 좋은지 알게 될 거예요.

감다 쓰다 앉다 잡다 잠그다

V-(으)ㄹ까 싶다

가: 주말에는 무엇을 할 생각이에요?
나: 친구랑 영화를 볼까 싶어요.

가: 대학교를 졸업하면 무엇을 하고 싶어요?
나: 미국으로 유학을 갈까 싶어요.

가: 건강을 위해서 해 보고 싶은 것이 있어요?
나: 요가를 좀 배워 볼까 싶어요.

연습

(1) 가: 오늘 수업 끝나고 뭐 할 거예요?

나: 친구가 명동에 가자고 했어요. 그런데 이번 주에 시험이 있어서 안 ______________.

(2) 가: 매일 아침에 밥하기 힘들지 않아요?

나: 그래서 내일부터는 빵을 ______________.

(3) 가: 그 사람이 정말 만나자고 했어요? 어떻게 할 거예요?

나: 어떤 사람인지 잘 모르니까 한번 ______________.

(4) 가: 내일부터 추워진다고 하는데 여행을 갈 수 있겠어요?

나: 날씨가 너무 추우면 이번 여행을 ______________.

(5) 가: 지금 살고 있는 집이 마음에 들어요?

나: 아니요, 별로 마음에 안 들어서 다른 집을 ______________.

가다 먹다 알아보다 취소하다 만나 보다

A/V-(으)ㄴ/는 줄 알다 // N인 줄 알다

가: 유미 씨는 성격이 정말 활발해요.
나: 그래요? 저는 유미 씨가 얌전한 줄 알았어요.

가: 지수 씨 남자 친구가 학생이 아니라 회사원이에요?
나: 네, 저도 지수 씨 남자 친구가 학생인 줄 알았어요.

가: 왕명 씨, 고향에 안 갔어요? 방학이라서 고향에 돌아간 줄 알았어요.
나: 고향에 가고 싶었는데 시험이 있어서 못 갔어요.

연습

(1) 가: 유미 씨가 등록금이 없어서 학교를 쉰다고 해요.

나: 그래요? 저는 유미 씨가 ______________________.

(2) 가: 민수 씨가 이번 학기에 장학금을 받는다고 해요.

나: 그래요? 저는 민수 씨가 공부를 ______________________.

(3) 가: 좋은 남자 있으면 소개 좀 해 주세요.

나: 남자 친구 없어요? 나는 유미 씨 성격이 활발해서 남자 친구가

______________________.

(4) 가: 지수 씨가 요즘 취업 준비로 무척 바쁜 것 같아요.

나: 저는 지수 씨가 ______________________. 그런데 아직 못 했군요.

(5) 가: 왕명 씨가 몸이 많이 약해요? 튼튼해 보이는데요.

나: 네, 저도 왕명 씨가 ______________________. 그런데 많이 약하다고 해요.

부자 있다 못하다 취직하다 튼튼하다

대화해 봅시다

여러분 나라에서는 명절에 무엇을 먹습니까? 음식 준비는 누가, 어떻게 합니까?

제인 다음 주가 설인데, 성주 씨 집에서도 차례를 지내세요?

성주 네, 그래도 지금은 차례 음식이 옛날보다 많이 간소해졌어요. 그렇지만 어머니께서는 가족들이 함께 먹을 음식을 준비하셔야 하기 때문에 많이 힘들어하세요.

제인 그렇군요. 성주 씨도 음식 만드는 걸 많이 도와 드리세요?

성주 물론이죠. 어머니께서 항상 저한테 전을 부치라고 하세요. 하지만 아직 떡국은 안 끓여 봐서 이번 설에는 떡국 끓이는 걸 배워 볼까 싶어요.

제인 어머, 저는 성주 씨가 음식 만드는 데는 관심이 없는 줄 알았어요. 그런데 떡국은 어떤 음식이에요?

성주 떡국은 고기나 해산물로 만든 국물에 얇게 썬 가래떡을 넣어 끓인 음식이에요. 옛날부터 한국 사람들이 설날에 꼭 먹는 음식인데, 요즘은 설날이 아니어도 언제든지 먹을 수 있어요.

제인 참, 그런데 한국 여자들은 명절에 일이 많아서 힘들어한다고 들었어요.

성주 네, 맞아요. 남자인 저도 명절은 기대되면서도 부담스럽거든요. 하지만 일이 많아서 앉지도 못한 채로 명절을 보내신 예전 세대보다는 많이 나아진 거예요.

제인 그렇군요. 그럼 내년에는 성주 씨가 끓인 떡국을 먹을 수 있는 거예요?

성주 네, 기대하셔도 좋아요.

1. 성주 씨네 명절 음식에는 어떤 변화가 있습니까?
2. 성주 씨는 이번 설에 무엇을 하려고 합니까?
3. 떡국의 재료는 어떤 것이 있습니까?
4. 성주 씨는 명절에 대해 어떻게 생각합니까?
5. 여러분은 명절이 힘듭니까, 즐겁습니까?

들어 봅시다

>>> 여러분은 한국에서 어떤 명절 음식을 먹어 보았습니까?

I 다음을 듣고 질문에 답하십시오.

1. 두 사람이 지금 보고 있는 것은 무엇입니까?

① 떡국 ② 떡볶이 ③ 가래떡 ④ 떡꼬치

2. 떡국에 대한 설명으로 맞는 것은 무엇입니까?

① 설날에만 먹는 음식이다. ② 떡국을 사서 먹을 수는 없다.

③ 매운 맛이 나는 음식이다. ④ 만두와 함께 끓여 먹기도 한다.

3. 다음 중 들은 대화의 내용과 다른 것은 무엇입니까?

① 가래떡은 하얗고 길쭉한 모양이다.

② 진나 씨는 떡국을 먹어 본 적이 없다.

③ 나라마다 새해에 먹는 특별한 음식이 있다.

④ 성주 씨는 점심으로 떡만둣국을 먹으려고 했다.

>>> 여러분 나라의 새해 음식으로는 어떤 것이 있는지 이야기해 보십시오.

Ⅱ 다음을 듣고 질문에 답하십시오.

1. 오늘은 무슨 날입니까?

(　　　　　　　　　　　　　　　　　　　　　　　)

2. 다음 중 부럼으로 먹는 음식이 아닌 것은 무엇입니까?

① 밤

② 콩

③ 호두

④ 땅콩

3. 오곡밥에 대한 설명 중 맞는 것은 무엇입니까?

① 오곡밥은 곡식이 잘되라고 먹는 밥이다.

② 오곡밥은 이가 단단해지라고 먹는 밥이다.

③ 오곡밥에는 땅콩, 밤, 호두 등이 들어간다.

④ 오곡밥은 피부병이 생기지 말라고 먹는 밥이다.

4. 들은 내용과 다른 것은 무엇입니까?

① 부럼은 이로 깨물어 먹는 것이다.

② 제인 씨는 오늘 오곡밥을 먹을 것이다.

③ 학생 식당에서는 오곡밥을 먹을 수 없다.

④ 제인 씨는 오늘 부럼을 깨물어 먹을 것이다.

>>> 정월 대보름날에는 '귀밝이술'을 먹습니다. 귀밝이술이 무엇입니까? 여러분이 한번 상상해 보십시오.

말해 봅시다

I 여러분이 추측한 내용이 실제 사실과 다를 때 어떻게 말합니까? 다음 문제를 풀어 보고 'A/V-은/는 줄 알다 // N인 줄 알다'를 사용해서 이야기해 보십시오.

보기
가: 한국에서 가장 높은 산이 어디인지 알아요?
나: 네, 한라산이라고 해요.
가: 그래요? 저는 설악산인 줄 알았어요.

□ 한국에서 가장 높은 산은 설악산이다.	□ 한국에서 가장 높은 산은 한라산이다.
□ 붕어빵에는 붕어가 들어 있지 않다.	□ 붕어빵에는 붕어가 들어 있다.
□ 김치는 항상 배추로만 만든다.	□ 배추를 사용하지 않는 김치가 있다.
□ 한국 대학생은 3월에 입학한다.	□ 한국 대학생은 9월에 입학한다.
□ 한국에서 가장 큰 섬은 울릉도이다.	□ 한국에서 가장 큰 섬은 제주도이다.
□ 한강 다리의 개수는 31개이다.	□ 한강 다리의 개수는 20개이다.
□ 한국에는 지금도 왕이 있다.	□ 한국에는 대통령이 있다.
□ 부산이 서울보다 인구가 많다.	□ 서울이 가장 인구가 많다.
□ 서울 지하철 3호선에는 안국역이 있다.	□ 서울 지하철 3호선에는 안국역이 없다.
□ 한강에서 절대 낚시를 하면 안된다.	□ 한강에서 낚시를 해도 된다.

Ⅱ 여러분은 세계 여러 나라의 명절을 알고 있습니까? 친구들과 조사해서 발표해 보십시오.

	명절	날짜	음식	놀이	옷
한국	설날	음력 1월 1일	떡국	윷놀이	한복
중국					
태국					
미국					
베트남					
일본					
몽골					

한국 떡국

한국 송편

중국 월병

일본 오세치

몽골 허르헉

베트남 반쯩

읽어 봅시다

Ⅰ 다음을 읽고 질문에 답하십시오.

옛날에 떡은 아무 때나 먹을 수 있는 음식이 아니었습니다. 쌀로 떡을 만들어 먹는 것은 환갑잔치나 명절과 같은 특별한 날뿐이었습니다. 그중 설날 아침에는 고기를 넣은 떡국을 끓여서 평소에 먹기 어려운 고기와 떡을 함께 먹었습니다. 그래서 떡국은 설날에 먹는 음식이 되었습니다.

한국의 옛날 책인 《동국세시기》에는 "흰떡을 얇게 썰어서 국물에 넣고 소고기나 꿩고기를 넣어 끓인 다음 고춧가루 넣은 것을 떡국이라 한다. 이것으로 차례도 지내고 손님에게 대접하므로 설날 음식에 없어서는 안 된다."고 쓰여 있습니다. 한국 사람들이 나이를 물을 때 떡국을 몇 그릇 먹었느냐고 물어 보는 것도 바로 떡국이 새해에 먹는 음식이기 때문입니다.

또 한국에는 '꿩 대신 닭'이라는 속담이 있습니다. 떡국에는 꿩고기를 넣는 것인데, 꿩고기를 구하지 못한 사람들이 꿩 대신에 닭고기를 넣어 떡국을 끓였기 때문에 생긴 말입니다. 다시 말해, 적당한 것이 없을 때 그것과 비슷한 것으로 대신한다는 뜻입니다.

꿩

닭

환갑 / 꿩고기 / 대접하다 / 속담 / 적당하다 / 대신하다

1. 떡국에 대한 설명으로 윗글의 내용과 같은 것은 무엇입니까?

① 차례를 지낼 때만 필요한 음식이다.

② 설날이 아니어도 언제나 먹을 수 있었다.

③ 소고기를 넣어야 좋은 맛이 나는 음식이다.

④ 옛날에는 고춧가루가 들어간 떡국이 있었다.

2. 한국 사람들이 나이를 물을 때 떡국을 몇 그릇 먹었냐고 하는 이유는 무엇입니까?

( )

3. '꿩 대신 닭'이라는 한국 속담의 뜻을 쓰십시오.

( )

Ⅱ 다음을 읽고 질문에 답하십시오.

솔잎 위에 놓인 송편

소나무와 솔잎

송편은 한국의 대표적인 추석 음식인데 쌀가루를 물에 반죽해서 그 속에 팥, 깨, 밤 등의 소를 넣어 만듭니다. 송편은 냄비에 솔잎을 놓고 찌기 때문에 이름이 송편입니다. 송편을 만드는 방법은 비슷하지만 지방에 따라 재료나 모양 등에서 조금씩 차이가 있습니다. 그리고 옛날에는 흰색 송편만 있었지만 요즘은 주홍색, 노란색, 초록색, 갈색 등 여러 가지 색깔의 송편이 있습니다.

옛날부터 '송편을 예쁘게 빚으면 예쁜 아이를 낳는다.'는 이야기가 있었습니다. 옛날에는 추석이면 온 가족이 모여서 송편을 만드는 모습을 어디서든지 볼 수 있었습니다. 그러나 요즘은 송편을 할인 마트나 떡집에서 사서 먹는 집이 많아졌기 때문에 옛날처럼 온 가족이 모여서 송편을 만드는 모습을 찾아보기는 어려워졌습니다.

솔잎 / 반죽하다 / 소

1. 송편은 언제 먹는 음식입니까?

(　　　　　　　　　　　　　　　　　　　　)

2. 송편의 이름이 왜 '송편'입니까?

(　　　　　　　　　　　　　　　　　　　　)

3. 다음 중 위 내용과 같은 것은 무엇입니까?

① 송편은 밀가루로 만든 떡이다.

② 송편 속에 넣는 재료를 소라고 한다.

③ 송편은 솔잎을 물에 넣고 삶아 만든다.

④ 송편의 재료나 모양에는 지역별 차이가 없다.

4. 송편과 관련한 변화로 윗글과 다른 것은 무엇입니까?

① 송편 소의 종류가 더 많아졌다.

② 요즘은 송편을 사 먹는 집이 많다.

③ 송편은 할인 마트에서도 살 수 있다.

④ 송편의 색깔이 옛날보다 다양해졌다.

여러 가지 색의 송편

팥

깨

밤

써 봅시다

여러분의 기억에 남아있는 명절은 언제입니까?

놀이

언제

기억에 남는 명절

누구와 함께

기억에 남는 이유

명절

느낌

처음	
중간	
끝	

설날 – 세배, 윷놀이

추석 – 강강술래

※ 다음을 읽고 400~600자로 글을 쓰십시오.

여러분의 기억에 남아 있는 명절은 언제입니까? 기억에 남아 있는 명절에 대해 쓰십시오. 단, 아래에 제시한 내용이 모두 포함되어야 합니다.

- 여러분의 기억에 남아 있는 명절은 언제이고 그날이 특별히 기억에 남아 있는 이유는 무엇입니까?
- 그때 여러분은 누구와 무엇을 했는지 그날을 생각하며 자세하게 쓰십시오.
- 그날의 느낌과 생각을 쓰십시오.

100

200

300

들어봅시다
지 문

1 새 집은 살 만해요?

Ⅰ 집을 구할 때 중요한 것이 무엇일까요? 지금부터 집을 구할 때 유의해야 할 것들을 말씀드리겠습니다. 우선, 집의 방향은 햇빛이 잘 들어오는 남향이 좋습니다. 그리고 주위에 편의 시설이 많이 있어야 합니다. 예를 들어, 이용할 만한 체육 센터나 갈 만한 공원이 있으면 좋습니다. 또한 수도나 난방 시설도 잘 보아야 합니다. 물이 잘 나오고 고장이 없는지 확인해야 합니다. 이사한 후에 수도나 난방 시설이 고장이 났을 때에는 집주인에게 말해야 합니다. 그러면 집주인이 고쳐 줄 것입니다. 지금까지 말씀드린 것은 계약할 때 계약서에 적는 것이 좋습니다. 마지막으로 계약을 하기 전에 보증금, 보증 기간, 전세, 월세 금액에 대해 반드시 확인해야 합니다.

Ⅱ

(초인종 소리 – 딩동딩동)

학생(여): 안녕하세요. 아래층에 새로 이사한 학생인데요.
주인아저씨 계세요?
주인(남): 학생, 무슨 일이에요? 무슨 문제가 있어요?
학생(여): 보일러가 고장이 난 것 같아요.
난방도 안 되고 뜨거운 물도 안 나와요.
주인(남): 그럼 같이 내려가 봅시다.

(잠시 후)

학생(여): 들어오세요. 보일러를 켰는데 방이 따뜻하지 않아요. 집에 있으면 추워요.
주인(남): 정말 춥네요. 언제부터 그랬어요?
학생(여): 며칠 됐어요. 보일러가 오래된 거 아니에요?
주인(남): 아니에요. 집수리하면서 새로 산 보일러예요.
다른 방 보일러는 문제가 없는데 이상하네요.
요즘 날씨가 추워서 학생이 더 힘들겠어요.
학생(여): 네, 밤에는 전기장판을 켜고 잤어요.
주인(남): 그래요? 고장인 줄 몰랐어요. 미안해요. 서비스 센터에 전화해서 빨리 고쳐 줄게요.

2 궁금한 건 뭐든지 물어보세요

Ⅰ 가: 여보세요? 거기가 중고 가전제품을 파는 곳이지요? 제가 자취생인데 가전제품이 좀 필요해서요.
나: 어떤 물건이 필요하세요? 뭐가 필요하시든지 다 구해 드릴 수 있어요.
가: 냉장고, 세탁기, 전자레인지가 필요해요. 가격이 어느 정도예요?
나: 싼 것부터 비싼 것까지 다 있어요. 우선 한번 와서 보세요.
가: 네, 그러면 거기 위치를 좀 말씀해 주시겠습니까?
나: 학교 정문에서 내려오다가 슈퍼마켓이 있는 쪽으로 들어오세요. 100미터쯤 오면 왼쪽에 있어요. 괜찮은 물건은 들어오기가 무섭게 팔리니까 빨리 와 보는 게 좋을 거예요.
가: 네, 알겠습니다. 지금 바로 가겠습니다.

Ⅱ 가: 친절히 모시겠습니다. 중앙 통신입니다. 무엇을 도와드릴까요?
나: 저는 어제 이사 온 유학생이에요. 인터넷을 설치하고 싶은데 어떻게 해요?
가: 먼저 성함과 주소, 연락처를 알려 주세요. 기사님이 전화드리고 방문할 겁니다.
나: 인터넷 상품에는 어떤 것이 있는지 알려 주세요.
가: 인터넷만 되는 상품도 있고 인터넷과 텔레비전, 전화가 다 되는 상품도 있어요.
나: 텔레비전이나 전화는 필요 없으니까 인터넷만 설치해 주세요.
가: 그런데 인터넷만 하든지 모두 다 하든지 설치비는 따로 내셔야 합니다.
나: 알겠습니다. 기사님은 지금 바로 오실 수 있어요?
가: 오늘은 안 되고요. 내일 방문하실 겁니다. 몇 시쯤이 좋으십니까?
나: 오후보다는 오전이 좋아요. 가능하면 일찍 와 주시면 좋겠어요.
가: 네, 기사님께 그렇게 말씀드리겠습니다. 그리고 요즘 판매원들 때문에 집에 아무도 없는 척하시는 분이 많습니다. 기사님을 확인하시고 문을 열어 주십시오.
나: 네, 알겠습니다. 그럼 잘 부탁드리겠습니다.

3 책을 많이 읽는 모양이군요

Ⅰ 여러분은 책을 읽을 때 어떤 자세로 읽으세요? 책을 읽는 것은 우리의 마음을 살찌게 하는 일이지만, 책을 읽는 장소나 책을 읽는 자세가 나쁘면 건강이 나빠질 수도 있습니다.

먼저 버스와 같이 많이 흔들리는 곳에서는 책을 읽지 않는 것이 좋습니다. 물론 걸으면서 책을 읽는 것도 좋지 않습니다. 그리고 어두운 곳보다는 밝은 곳이 눈에 더 좋습니다.

책을 읽는 자세는 책과 눈의 거리를 25~30cm 정도로 하고 의자에 앉아서 읽는 것이 좋습니다. 눕거나 엎드려서 읽으면 허리에 좋지 않습니다.

그리고 오랫동안 독서를 할 경우에는 중간 중간에 휴식을 하는 것이 좋고 식사하는 중이나 식사한 후 바로 책을 읽지 않는 것이 좋습니다.

Ⅱ 마이클(남): 수미 씨, 왜 공부를 안 하고 나왔어요?
수　미(여): 공부하러 열람실에 들어갔다가 옆 사람이 자꾸 시끄럽게 해서 나왔어요.
마이클(남): 어떻게 했는데요?
수　미(여): 옆에 앉은 남자랑 계속 이야기하고 웃고…….
마이클(남): 둘이 도서관에서 데이트를 하는 모양이군요.
수　미(여): 그런 모양이에요. 데이트를 왜 열람실에서 하는지 모르겠어요.
마이클(남): 열람실 들어가기 전에 저 이용 규칙을 안 읽은 모양이네요. '열람실에서 대화 금지'라고 쓰여 있는데요.
수　미(여): 그런데 어떻게 하죠? 내일 시험이 있어서 공부해야 하는데…….
마이클(남): 우선 들어가서 공부해요. 또 시끄럽게 하면 저한테 문자 보내세요. 제가 얘기해 줄게요.
수　미(여): 고마워요. 그런데 다른 사람을 통해서 이야기하면 그 사람들 기분이 더 나쁠 것 같아요. 또 떠들면 제가 이야기할게요.

4 음식을 남기지 마시오

Ⅰ 오늘은 학생 식당의 만족도에 대해서 학생들과 선생님의 의견을 들어 보겠습니다. 먼저 남학생의 의견입니다.

남학생: 지난 학기와 비교하면 많이 개선되었지만 아직도 아주머니들이 많이 불친절하십니다. 인상 쓰지 말고 웃으시면 좋겠고 음식의 양도 좀 넉넉하게 주시면 좋겠습니다.

다음은 여학생의 의견입니다.

여학생: 아침, 점심, 저녁의 식단이 거의 똑같습니다. 이름만 조금 바뀌었고 음식은 비슷합니다. 메뉴가 좀 다양해지고 음식의 질도 개선되면 좋겠습니다.

마지막으로 선생님의 의견입니다.

선생님: 최근에 가격이 올랐는데도 위생 상태가 나아지지 않았습니다. 그리고 음식에 인공 조미료를 넣지 않거나 줄이면 좋겠습니다.

Ⅱ 학생 식당 이용에 대한 남녀 학생의 생각을 들어 보겠습니다.

남학생: 학생 식당은 무엇보다 싼 가격에다가 양까지 많으니 정말 대만족이에요. 그리고 오늘은 무슨 요리를 해서 먹을까, 이런 고민을 하지 않아도 되니까 좋아요. 특히, 나는 혼자서 먹는 것을 무척 싫어해요. 그런데 학생 식당은 친구들과 같이 먹을 수 있어서 나 같은 사람한테 아주 좋아요. 많은 사람들 속에서 밥을 먹으면 기분도 좋아져요. 그래서 나는 학생 식당을 자주 이용해요.

여학생: 나는 요리하는 것을 좋아해요. 그렇지만 기숙사 생활을 하기 때문에 요리를 전혀 할 수 없어요. 그래서 어쩔 수 없이 학생 식당을 이용하지 않으면 안 돼요. 그런데 학생 식당은 늘 비슷한 식단에다가 음식도 입에 안 맞아서 요즘은 거의 안 가요. 붐비는 것도 싫어서 가끔 한산할 때만 가는데 보통은 편의점에서 김밥이나 빵을 사 먹거나 가끔 학교 밖에서 외식을 하는 편이에요.

5 전혀 살찌지 않았어요

Ⅰ 성　주: 사오리 씨, 요즘 한국에 다이어트 열풍이 정말 대단한 것 같아요.
사오리: 네? 다이어트 열풍이요? 그게 뭐예요?
성　주: 지금 다이어트가 큰 유행이라는 말이에요.
사오리: 정말이요? 제 주위에는 다이어트 하는 사람이 한 명도 없는데…….
성　주: 하하, 사오리 씨 친구는 모두 날씬하시군요. 제 친구들은 거의 대부분 다이어트를 하고 있어요. 지금 안 하는 사람들도 다이어트를 하고 싶어 해요.
사오리: 그래요? 남자들도 많이 해요?
성　주: 당연하죠. 비만이 되면 성인병에 걸리기가 쉬워요. 그래서 건강 때문에 다이어트를 하고 싶어 해요.
사오리: 아아, 그렇군요. 그럼, 혹시 성주 씨도 다이어트를 하고 싶어요?
성　주: 저는 벌써 하고 있어요. 바나나 다이어트를 시작한 지 얼마 안 되었어요.
사오리: 와아, 정말이요?
성　주: 네, 굶지 않으면서 다이어트를 할 수 있으니까 참 좋아요. 사오리 씨에게 추천해 주고 싶네요.

Ⅱ 진나(여): 왕명 씨, 저 얼마 전부터 다이어트를 시작했어요.
왕명(남): 진나 씨는 전혀 살이 찌지 않았어요. 그런데 왜 다이어트를 하지요?
진나(여): 왕명 씨는 아무 것도 몰라요. 제가 요즘 몸무게가 얼마나 많이 늘었는데요.
왕명(남): 진나 씨는 걱정이 너무 많아서 문제예요. 진나 씨 지금 모습이 아주 보기 좋아요.
진나(여): 어머나, 왕명 씨는 듣기 좋은 말만 하시네요. 왕명 씨 말씀은 잘 알겠어요. 하지만 저는 더 예뻐지고 싶거든요.
왕명(남): 더 예뻐지고 싶은 마음은 저도 이해해요. 하지만 다이어트를 심하게 하면 건강이 안 좋아질 수도 있어요. 그러니까 적당히 하셔야 해요.
진나(여): 네, 알아요. 그런데요, 왕명 씨…….
왕명(남): 네, 진나 씨, 왜 그러세요?
진나(여): 사실은요……, 저 요가 학원에 등록했지만 지금까지 한 번밖에 못 갔어요. 꾸준히 운동을 하는 게 쉬운 일이 아니에요.
왕명(남): 하하하, 그럼요, 당연하지요, 진나 씨. 게으르면 다이어트를 실패하게 돼요.
진나(여): 네, 다이어트도 중요하지만 게으름을 이기는 것도 중요하겠어요.
왕명(남): 그걸 알았으면 벌써 진나 씨의 다이어트도 반은 성공한 거예요.

6 여기가 청계천이야

Ⅰ 마이클(남): 여보세요, 유미니? 나 마이클이야.

유　미(여): 그래, 마이클. 청계천에 잘 도착했어?

마이클(남): 아니, 아직 도착하지 못했어. 조금 이상해서 전화했어.

유　미(여): 응? 뭐라고? 무슨 문제가 있어?

마이클(남): 응, 시청역 4번 출구로 나와서 계속 걸어왔거든. 그런데 계속 가도 청계천이 보이지 않아.

유　미(여): 음- 그거 정말 이상하네. 마이클, 옆에 걸어가는 사람한테 청계천이 어디인지 한번 물어봐.

(잠시 후)

마이클(남): 아이고, 내가 역을 잘못 내렸네. 여기 신촌역이야. 발음이 비슷해서 시청역인 줄 알았어.

유　미(여): 하하하, 그럴 수도 있지, 뭐. 다행히 신촌역에서 시청역까지는 가까워. 2호선 타고 아마 네 정거장만 가면 될 거야.

마이클(남): 정말 고마워, 유미야. 지금 다시 지하철을 타야겠다.

유　미(여): 그래, 조심해서 잘 가고, 못 찾겠으면 꼭 다시 연락해. 안녕.

Ⅱ 성　주(남): 어머니, 어머니! 저 오늘 청계천에 다녀왔어요.

어머니(여): 그래, 성주야. 기분이 좋아 보이는구나. 어땠니? 깨끗했니?

성　주(남): 네, 어머니. 시냇물도 굉장히 깨끗하고 식물도 많았어요.

어머니(여): 성주야, 엄마가 어렸을 때 청계천은 그렇게 깨끗하지 않았어.

성　주(남): 진짜요? 믿어지지 않아요.

어머니(여): 얼마 전까지 청계천은 땅 밑을 흐르는 냇물이었어. 그래서 더러운 물을 버리는 하수도로 쓰였지. 그래서 청계천 주변에는 늘 안 좋은 냄새가 났어.

성　주(남): 와, 그건 몰랐어요.

어머니(여): 정부는 2003년에 청계천을 깨끗하게 만드는 공사를 시작했어. 그래서 2005년에 다시 청계천이 깨끗하게 되었지.

성　주(남): 아, 그런 역사가 있었군요.

어머니(여): 청계천에 대해 더 알고 싶으면 청계천 박물관에 가 봐. 청계천의 과거와 현재의 모습을 볼 수 있을 거야.

성　주(남): 오늘 청계천에 대해서 많은 걸 알게 됐어요. 그런데 더 많은 걸 알고 싶어요. 지금 당장 청계천에 대해 인터넷으로 검색해 봐야겠어요. 그리고 다음 주에는 청계천 박물관에도 가 봐야겠어요.

7 산의 매력에 푹 빠질 거예요

Ⅰ 우리 산악회를 소개합니다. 산악회 이름은 '희망 산악회'라고 하며 매주 일요일 주로 북한산을 등산하는 산악회입니다. 북한산을 오르는 등산로는 여러 가지인데 자주 가면 사계절의 아름다운 경치를 모두 볼 수 있습니다. 특히, 수도권에서 가까워서 좋습니다. 오랜 친구처럼 서로 잘해 주는 분위기라서 혼자서 처음 가시는 분을 위해 좋습니다. 좋은 사람도 사귀면서 아름다운 산도 보고 건강도 지킬 수 있습니다. 서울 북부나 경기 서남부에 사시는 분에다가 20대 후반이나 30대 초반의 미혼 남성이면 누구나 환영합니다. 일요일 오전 9시 3호선 구파발역으로 나오시면 가입 후 등산하실 수 있습니다. 도시락은 각자 준비해서 오십시오. 문의하실 일이 있으면 010-3378-1234 산악회장 '김정상'을 찾아 주세요.

Ⅱ 선생님: 지금부터 한 사람씩 등산의 좋은 점에 대해 이야기해 볼까요?

남자 1: 무엇보다 산에는 나무가 많잖아요. 나무에서 사람한테 좋은 물질이 나와서 삼림욕 효과가 크다고 해요. 그 물질이 우리 몸을 깨끗하게 목욕시키는 효과가 있다고 해요.

여자 1: 산을 오르면 땀이 많이 흐르잖아요. 그러면 우리 피부가 좋아지고 살도 빠져서 좋아요. 특히, 약수터에서 마시는 약수는 어떤 음료수보다 건강에 좋다고 해요.

남자 2: 등산을 자주 하면 우리 몸 중에서 특히 심장과 폐가 좋아지고 하체가 발달되어서 좋다고 해요.

여자 2: 사람을 만나고 자연과 대화하면 우울증도 예방할 수 있다고 해요. 그리고 높은 산 정상까지 힘들게 오르면 인내심이 생기고 의지력이 강해져서 무슨 일이든지 자신감 있게 할 수 있어요.

남자 3: 식물과 동물을 사랑하고 모든 자연을 아끼는 마음을 가질 수 있어요.

선생님: 지금까지 여러분의 의견을 들어봤는데 등산의 좋은 점이 참 많군요. 그러면 이번 주말에는 다 함께 등산을 한번 가 봅시다.

학생들: 와, 좋아요!

8 아이들이 집에서 뛰어놀곤 해요

Ⅰ 유미(여): 성주 씨, 새로 이사 간 아파트 마음에 들어요?

성주(남): 글쎄요. 편리한 점도 있지만 불편한 점도 있어요.

유미(여): 뭐가 불편해요?

성주(남): 아파트에는 마당이 없으니까 아이들이 집에서 뛰어놀 수가 없잖아요. 아파트로 이사하기 전에 한옥에서 살아서 아이들이 마당에서 자유롭게 뛰어놀곤 했어요. 그런데 지금은 그럴 수가 없어서 매일 다시 이사 안 가느냐고 물어봐요.

유미(여): 그럼 아파트 근처에 있는 공원에서 놀라고 하면 되잖아요.

성주(남): 하지만 아이들이 가끔 기분이 좋으면 집에서 뛰곤 하잖아요. 그런데 그걸 아래층에서 아주 싫어해요. 며칠 전에는 아래층 사람이 우리 집에 와서 아이가 몇 명이냐고, 아파트에서 살아 본 적이 없냐고 하면서 화를 내서 좀 기분이 나빴어요.

유미(여): 성주 씨가 기분이 나빴겠어요. 제 친구도 그 문제로 아래층과 싸울 뻔했다고 했어요. 아파트에서 살면 그게 참 문제예요.

성주(남): 네, 회사를 옮기게 되어서 이사했지만, 저도 사실 다시 한옥에서 살았으면 해요.

Ⅱ 성주(남): 진나 씨, 찜질방에 가 본 적이 있어요?

진나(여): 네, 피곤할 때 자주 가곤 해요. 뜨거운 찜질방에서 땀을 흘리고 시원한 식혜랑 달걀을 먹으면 기분이 금방 좋아져요.

성주(남): 온돌 체험을 아주 잘하고 있군요.

진나(여): 온돌? 그게 뭐예요?

성주(남): 아! 온돌은 한국 전통의 난방 방식이에요. 방바닥에 돌을 놓아서 난방을 하는 거예요. 진나 씨, 찜질방에서 바닥에 누워 있을 때 바닥이 따뜻했지요? 그게 바로 그 난방 방식 때문이에요.

진나(여): 아, 그렇군요. 침대보다 딱딱해서 등은 좀 아팠지만 따뜻해서 아주 좋았어요.

성주(남): 온돌은 건강에도 아주 좋아요. 특히 요즘 찜질방에는 여러 가지 자연 재료를 이용한 방도 많아서 더 건강에 좋아요.

진나(여): 맞아요. 찜질방 이야기를 하니까 찜질방에 가고 싶네요. 오늘 저녁에 같이 갈래요?

9 그 맛에 빠져 버렸어요

Ⅰ 아들(남): 엄마, 김치를 담갔는데 왜 바로 안 먹어요?

엄마(여): 김치는 담가서 바로 먹는 것보다 익혀서 먹는 게 더 맛있고 건강에도 더 좋아. 물론 신선한 김치를 좋아하는 사람도 있고 오래된 김치를 좋아하는 사람도 있지만.

아들(남): 그런데 김치 냉장고에 김치를 넣으면 일반 냉장고보다 더 맛있어요?

엄마(여): 그럼 훨씬 더 맛있어. 일반 냉장고는 다른 반찬이나 음료수 등을 먹으려고 자주 열고 닫잖아. 그러면 냉장고에 온도 변화가 커서 김치가 맛있게 익지 않아. 그런데 김치 냉장고는 자주 열 일이 없어서 더 맛있게 익거든.

아들(남): 그러면 엄마, 우리도 김치 냉장고를 사서 맛있는 김치를 먹어요.

엄마(여): 나도 사고 싶은데 집이 좁아서 김치 냉장고를 놓을 장소가 없어.

아들(남): 그런데 엄마, 옛날에는 김치 냉장고가 없었는데 김치를 어떻게 보관했어요?

엄마(여): 옛날에는 플라스틱이 아니라 흙으로 만든 김칫독에 보관했어. 여름에는 시원한 물속에, 그리고 겨울에는 다음 해 봄까지 먹을 '김장'을 담가서 땅속에 오랫동안 보관해서 먹었어. 지금은 많은 사람이 아파트에 살아서 그렇게 하고 싶어도 못하니까 김치 냉장고에다가 보관하는 거야.

Ⅱ 제인(여): 성주야, 나 이제부터 김치를 잘 먹을 수 있게 됐다.

성주(남): 아니, 어떻게? 지난주까지도 매워서 못 먹겠다고 했잖아.

제인(여): 사실은 어제 한국 친구의 가족과 함께 한식집에 갔어. 보쌈을 백김치와 함께 먹었는데 아주 맛있게 먹었어.

성주(남): 아, 고춧가루가 전혀 없는 백김치를 먹었구나.

제인(여): 그리고 동치미도 먹어 봤어. 음식들이 너무 맛있어서 급하게 먹다가 소화가 잘 안 됐거든. 그런데 친구 어머니께서 동치미 국물을 먹어 보라고 하셔서 먹었는데 소화도 잘되고 음료수보다 더 시원하고 맛있었어.

성주(남): 네 입에 맞는 김치만 먹어 봤구나.

제인(여): 그게 끝이 아니야. 소화가 되고 나니까 다시 뭔가 먹고 싶어서 열무국수를 먹게 됐어. 그런데 지금까지 한국에서 먹은 국수 가운데서 가장 맛있었어.

성주(남): 너 정말 어제 대단한 경험을 했구나. 덕분에 여러 가지 종류의 김치에 대해서도 알게 됐겠네. 다음에는 나랑 김치 박물관에도 같이 가 보자.

10 명절은 기대되면서도 부담돼요

Ⅰ

(텔레비전을 보며)

진나(여): 성주 씨, 저 하얗고 길쭉한 게 뭐예요?

성주(남): 저건 가래떡이에요. 한국 사람들이 설날에 먹는 떡국을 저걸로 만들어요. 진나 씨 나라에도 설날에 특별히 먹는 음식이 있지요?

진나(여): 지역에 따라 다른데 북쪽 지방에서는 물만두를 먹고, 남쪽 지방에서는 주로 떡을 먹어요. 그런데 떡국이 어떤 음식이에요?

성주(남): 저 가래떡을 동그랗고 납작하게 썰어서 국물에 넣고 끓이는 음식이에요. 옛날에는 설날에만 먹었지만 요즘은 먹고 싶을 때 언제든지 먹을 수 있어요.

진나(여): 떡을 써는 일이 힘들 것 같은데, 직접 떡을 썰어요?

성주(남): 아니요, 힘들기 때문에 썰 수 있으면서도 떡집에다가 부탁하는 사람들이 많아요.

진나(여): 그런데 만두는 안 먹어요? 우리는 설날에 만두를 먹거든요.

성주(남): 지역에 따라서는 떡과 만두를 같이 끓인 떡만둣국을 먹기도 해요.

진나(여): 아, 네, 그런데 성주 씨, 제가 떡국을 먹어 본 적이 없어요.

성주(남): 다이어트 중이라 점심을 굶을까 싶었는데 그럼 진나 씨랑 떡국을 먹으러 가야겠군요.

Ⅱ

성주(남): 제인 씨, 잘 왔어요. 이 호두 좀 깨물어 드세요.

제인(여): 이 딱딱한 걸 저에게 깨물어 먹으라고 하셨어요? 저는 이가 별로 안 좋은데요.

성주(남): 그러니까 이걸 깨물어 먹어야 해요. 오늘이 정월 대보름이거든요.

제인(여): 정월 대보름이요? 그게 뭐예요?

성주(남): 음력으로 1월 15일인데 부럼하고 오곡밥을 먹는 날이에요. 부럼은 호두, 땅콩, 밤같이 껍질이 딱딱한 것이고, 오곡밥은 다섯 가지 곡식으로 한 밥이에요.

제인(여): 아, 그렇군요. 그런데 이런 것을 먹는 특별한 이유가 있어요?

성주(남): 네, 부럼을 깨물면 1년 동안 피부병이 나지 않고 이도 튼튼해진다고 믿기 때문이에요. 또 오곡밥은 그해 곡식이 잘되기를 바라는 마음에서 먹는 거예요.

제인(여): 그렇군요. 그러면 저도 이가 튼튼해지게 이 부럼을 깨물어 먹을게요. 오곡밥도 한번 먹어 보고 싶은데, 어떻게 먹을 수 있지요?

성주(남): 정월 대보름에는 학생 식당에서도 오곡밥을 먹을 수 있으니까 걱정하지 마세요.

제인(여): 그래요? 저는 학생 식당에서는 그런 음식을 못 먹는 줄 알았어요. 올해는 저도 오곡밥을 먹으니까 곡식이 더 잘되겠지요?

어휘
색인

1과

전세
월세
보증금
하숙
자취
세입자
계약서
수리비
난방 / 냉방
보일러
편의 시설
남향
현관
벽지
젖다
지저분하다
세놓다
유의하다
부담스럽다
꽤
이어폰
스피커

2과

피해
중고
품절
기사
고객
설치비
무책임
반응
배송
베스트셀러
추가
통신
포인트
보상하다
적립하다
설치하다
지연되다
모시다
화재
응급
범죄
철도
육체적
정신적
우울
집중력
수준
불안하다
꺼내다
답장
짜증이 나다
줄이다

3과

대출
반납
연장
연체
열람실
입실
퇴실
자세
조명
공중도덕
소문
눕다
엎드리다
흔들리다
깜박하다
놓치다
맡기다
찢다
교직원
학부
공휴일
개교기념일
피해
진동
방해
기계
모니터

4과

외식
뷔페
식단
양
질
인공 조미료
위생
만족도
의견
벌금
인상(을) 쓰다
붐비다
한산하다
넉넉하다
줄이다

5과

6과

7과

개미
일석삼조

8과

궁궐
마당
마루
바닥
온돌
정원
조상
지붕
찜질방
한옥
체험
유산
조화롭다
딱딱하다
물려주다
기와
초가
볏짚
흙
돌
곡선
직선
떨어져 있다
다리를 펴다
후회
절

9과

김장
동치미
백김치
보쌈
열무
국물
고춧가루
부침개
플라스틱
통
흙
땅
김칫독
김치 냉장고
담그다
익히다
보관하다
시도하다
절이다
생강
네모
새우젓
김장철

10과

가래떡
떡국
곡식
부럼
오곡밥
정월 대보름
송편
전
차례
세대
빚다
굳다
부치다
깨물다
동그랗다
납작하다
길쭉하다
간소하다
환갑
꿩고기
대접하다
속담
적당하다
대신하다
솔잎
반죽하다
소